清华大学国情研究院基金课题

中国省级产业政策发展研究

杨庆育　尚海燕　等著

中 国 计 划 出 版 社

图书在版编目（CIP）数据

中国省级产业政策发展研究 / 杨庆育等著. -- 北京：中国计划出版社，2020.12（2021.2 重印）
ISBN 978-7-5182-1252-1

Ⅰ. ①中… Ⅱ. ①杨… Ⅲ. ①省—产业政策—研究—中国 Ⅳ. ①F269.22

中国版本图书馆CIP数据核字(2020)第214938号

中国省级产业政策发展研究
ZHONGGUO SHENGJI CHANYE ZHENGCE FAZHAN YANJIU
杨庆育　尚海燕　等著

中国计划出版社出版
网址：www.jhpress.com
地址：北京市西城区木樨地北里甲 11 号国宏大厦 C 座 3 层
邮政编码：100038　电话：(010) 63906433（发行部）
新华书店经销
北京虎彩文化传播有限公司印刷

787mm×1092mm　1/16　9.25 印张　131 千字
2020 年 12 月第 1 版　2021 年 2 月第 2 次印刷

ISBN 978-7-5182-1252-1
定价：60.00 元

谨以此书献给正在思考和实践

中国各省、自治区、直辖市产业政策的人们

序

省（区、市）是我国行政序列中除中央政府以外的最高层级，这个层级的改革进程和政府治理能力，在很大程度上决定了我国的改革进程并影响着国家治理能力。

基于目前我国省级政府职能对该省产业发展的重要影响，研究省级产业政策，是做好我国政府职能改革的一项重要内容。本书作者赞同省级政府制定省级产业政策，原则上不主张中央政府对一般性产业制定产业政策，因为我国一个省的面积和人口基本上与一个中小国家相当，如果国家对所有省市都明确同一产业政策，极易产生低水平重复甚至埋下产能过剩的隐患。我原则上赞同作者的观点，同时，建议中央政府除了对军工等具有战略意义的产业制定必要的产业政策外，还可以通过“白皮书”的方式，对产业发展趋势和世界产业发展格局进行详尽的分析，让各省结合自己的实际情况选择具体产业的发展。

目前我国省级政府对职能改革和产业政策越来越关注，这对各省的产业发展起着极其重要的作用，尤其在发生诸如新冠肺炎疫情这类“黑天鹅”事件时，各级政府更是充分发挥治理作用，既为疫情防控全力安排调度，又对产业复工复产进行指导，推动了各省的复工复产加快进行。我们同时看到，在实践中仍然存在着不少问题，主要是战略性、前瞻性、全局性和紧密结合本省实际、全力推动产业高质量发展等理念贯彻不够等，这些问题不解决，省级政府职能改革、我国整体产业布局的科学性、产业整体高质量发展都会受到影响。

本书在总结我国省级产业政策演进的基础上，探索其规律性，从宏观、中观和微观层面进行了系统的分析。以“九五”到“十三五”规划（计划）为主要研究对象，对省级产业政策的特点进行分析，并对纵向省级产业政策特征的差异性、横向省级产业政策传递的差异性进行了比较研究。研究分析了省级产业政策作用机制，包括政策的宏观引导作用、对微观行业的影响等，同时探索了相关因素对产业政策的影响。最后，前瞻性地分析了省级产业政策发展及变革趋势，在分析存在主要问题的基础上，对政策的合理性、定位及其转型改革作了展望。

对产业政策的评价，还涉及正确处理政府与市场关系问题。改革开放40多年来，这个问题始终是经济改革的核心，其本质就是在资源配置中是市场起决定性作用，还是政府起决定性作用。习近平总书记指出："理论和实践都证明，市场配置资源是最有效率的形式。市场决定资源配置是市场经济的一般规律，市场经济本质上就是市场决定资源配置的经济。"近期，中共中央、国务院印发《关于新时代加快完善社会主义市场经济体制的意见》，进一步宣示了中央推动新一轮市场化改革再出发的坚定决心。坚持社会主义市场经济改革的方向，一方面要求还权市场，使市场在资源配置中起决定性作用，凡是市场能够高效配置资源的领域，凡是市场机制可以有效调节的事项，都应交给市场来做，使企业成为真正的市场主体，成为配置资源要素的主体；另一方面，要更好发挥政府作用，继续转变政府职能，最大限度地减少政府对市场资源的直接配置，最大限度地减少政府对市场微观经济活动的干预。

当前，正确处理政府与市场关系的一个重点热点问题，是如何处理好产业政策与竞争政策的关系。竞争政策是市场经济的基础性政策，只有坚持市场中性的原则，完善公平竞争审查制度，才能从根本上破除要素自由流动的体制机制障碍，才能保障不同的市场主体平等获取生产要素，推动要素配置依据市场规则、市场价格、市场竞争，实现效益最大化和效率最优化。产业政策是更好发挥政府作用的重要工具，也是按照政府意志配置资源、引导产业结构调整的手段。产业政策的设计和实施，不应忽视和动摇竞争政策的基础地位。坚持以竞争政策为基础来协调各项产业政策，应成为一个原则。2019年以来，中央提出了加强产业政策与竞争政策协同的要求。我认为，协同这两个政策的结合点是创新。因为竞争是创新的第一动力，而产业政策的生命也是创新。各级政府推动的各类产业政策，必须加快转型，必须通过公平竞争审查，突出创新引领、创新驱动的导向，逐步建立普惠、公平、公开透明的创新型产业政策体系。这才能真正实现产业政策与竞争政策的协同。

中国计划出版社在2019年为作者出版了《中国省级五年规划发展研究》，加上这次出版的《中国省级产业政策发展研究》以及计划在2021年出版的《中国省级经济调控发展研究》，将构成一个完整的省级发展研究系列。我希望这套书能为我国省级经济发展作出一定的贡献。

国家发展和改革委员会原副主任

中国经济体制改革研究会会长

彭森

2020年6月

课题组成员简介

杨庆育，男，汉族，湖南常德人，管理学博士、博士生导师、高级经济师，曾任重庆市发展和改革委员会主任、市人大常委会副主任；现任清华大学中国发展规划研究院高级研究员、国情研究院兼职研究员，南京航空航天大学、西南财经大学兼职教授；独著或合著《经济运行体制与政府宏观调控》《中国省级五年规划发展研究》等15部著作；在《求是》《改革》《人民日报》等国家核心报刊上发表论文90余篇，主持国家和省部级课题40余项。

唐啸，清华大学公共管理学院副教授、国情研究院副研究员，仲英青年学者，2015年毕业于清华大学获管理学博士学位，在国内外权威期刊发表中英文论文20余篇，出版中英文专著4本，中文独著1本，主要研究领域为五年规划和官僚制度。

尚海燕，管理学硕士，高级工程师，现任重庆现代省情和发展规划研究院执行院长、重庆中朔工程咨询有限公司总经理，长期从事区域发展战略、产业规划、政策咨询等相关研究工作。

目　　录

第一章　我国省级产业政策概述

省级是我国最高的地方行政级别，也是国家经济发展的重要主体，省级产业政策也因此成为我国产业发展的关键影响因素。本章主要讨论省级产业政策的基本特征、历史演变过程，并在此基础上进行规律性探索。由于省级规划同时具有产业政策的功能，所以，本章包括对地方规划（五年规划和专项规划）中的产业政策研究。

第一节　省级产业政策的内涵

一、省级产业政策概念

（一）产业政策的概念

20 世纪 80 年代初期，为推动计划经济体制的变革，中国向日本学习，引入产业政策。产业政策原指政府为促进某一产业的发展，通过调整产业之间的资源分配状况和相关产业的生产经营活动所采取的政策，即为促进某种产业的生产、投资、研发和产业改组而抑制其他产业的同类活动的政策（小宫隆太郎，1988）。我国的产业政策是在计划经济时代诞生的，在很大程度上是政府直接调控经济的手段，基本是以政府的判断、选择来代替市场机制，具有浓厚的政府主导色彩。

随着中国从计划经济体制向市场经济体制转型，原有的以政府直接调控为主要特征的选择性产业政策逐渐向以市场主导、政府弥补市场不足的功能性产业政策转变。产业政策的内涵进一步扩充，并与原有的概念形成一定矛盾。我国各省级政府直接承担着推动区域内经济社会发展的主要任务，所以各省的产业政策也就随着国家产业政策的改革而不断调整。

（二）产业政策的分类

目前，我国学界对产业政策的认识主要有以下两种。一种是政府处于主导地位，干预甚至替代市场的选择性产业政策。这类政策主要用于改革开放初期，当时我国的国民经济处于缓慢发展和停滞状态，行政力量所形成的巨大号召力极大激发了广大人民群众的积极性和创造性，有力地促进了我国的经济发展，但随着经济市场化程度的不断提高，以政府调控为主要特征的选择性产业政策开始逐步暴露出弊端。相对于企业微观层面，政府显然在特定时期具有宏观总量信息优势，并利用其优势来制定产业政策以实现经济增长。随着政府这种强有力的行政干预式产业政策的实施，产业结构发生着又快又大的变化，政府的宏观总量信息优势也随之弱化，完全用行政方法制定出来的产业政策很难符合现实经济的需要。与此同时，在产业结构变动的过程中，企业会从市场中逐渐挖掘宏观信息，根据政府产业政策对其利益的影响而选择相应的行为，例如跟进、观望甚至抵触，这样政府不能像计划经济时代那样去有效地引领产业变革。政府具有强大的干预经济的权力，是选择性产业政策模式的基本前提，但是政府是由各个职能部门构成的，可能受到利益集团的干扰和影响，这样的情况一旦出现，将导致政府难以做出符合产业发展的正确判断。财税手段也是选择性产业政策的重要内容，企业为了寻求政府的帮助会完全按照政府好恶对自身行为进行调整，这就背离了企业创新的初衷，产业升级和结构调整都难以得到实质性发展。不难发现，选择性产业政策往往受政府自身利益或信息问题的影响，并在实践中因企业的干扰而无法达到政府在制定产业政策时所预期的效果。

另一种是功能性产业政策。这种政策可以理解为政府并非针对特定部门或企业制定的政策，而是注重创造良好的产业发展环境。功能性产业政策在本质上是普及性的，它以保护有利于提高产业竞争力的基本条件为对象，如市场制度、市场环境、创新环境等，还可以根据不同产业特征做出相关调整。由于选择性产业政策的弊端逐渐显现，在 20 世纪 70 年代，日本率先开始实施功能性产业政策，随之韩国在

80 年代后也进行了转向。美、英、德等国在“二战”后均实施功能性产业政策。在功能性产业政策中，政府通过完善市场制度、创新公共服务、维护竞争秩序、支持科技研发、培养行业人才等促进整个产业的良性发展，政府与市场更多体现为相互补充的关系。

（三）省级产业政策的概念

改革开放以来，我国省级政府开始享受中央赋予的较大的经济自主权，可以根据本地的经济情况制定相应的产业政策，同时也需要执行国家产业发展规划中的产业政策。在执行国家产业政策时，虽然地方政府往往被要求出台相应的计划交由中央备案，不过在具体执行中地方政府可因地制宜，有一定的侧重与偏向。所以，笔者认为我国省级产业政策主要还是根据本地区的实际情况所制定的政策。对于国家的产业规划或相关要求，一般是根据本地实际需要进行贯彻。但是在一些特殊时期，如 2010 年以来国家加大了宏观调控密度，将产业政策作为调控的一项重要手段，并与相应的优惠政策结合起来，如各级政府补助、金融支持等，这就对省级产业了政策产生了直接的影响。

二、省级规划与省级产业政策的关系

1993 年，我国中央政府提出通过改革建立起一个处于市场环境中的新型规划体系，但这一体系仍赋予“规划”综合协调的功能。中共中央批准的规划建议和人大通过的规划纲要，会把接下来五年内需要落实的主要目标传达到国务院和省级政府，省级政府则会通过制定本省的规划来细化中央目标，并转变为具体的行政行为。中国共产党第十四届中央委员会第三次全体会议通过的《中共中央关于建立社会主义市场经济体制若干问题的决定》中，对规划提出的要求是，国家出台的规划转向“以市场导向的产业政策为手段，为经济结构转型提供宏观指导”。那么，受中央约束的省级规划也就自然地更多体现出市场的因素，通过出台产业政策，省级政府依旧保持着协调经济发展的能力，从更加综合的角度，按照市场的要求对有限的资源进行分配，从而实现经济结构调整、质量提升，推动地方经济的发展。

三、制定省级产业政策的主要目的

（一）适应地域发展差异

由于中国地域广阔，地势从西到东逐渐平缓，而资源从东到西逐渐丰富，改革开放以来，东部沿海地区获得了长足的发展，这就自然带来地方主体功能的差异，也由此决定了省际间客观上存在分工的不同。基于差异和效率的考量，中央在制定国家规划时往往侧重提出符合整个国家发展方向的产业政策，而难以针对不同区域进行差异性的规划，这就要求地方政府要在领悟中央政策核心的基础上，从产业发展角度根据本省的实际情况制定相应的产业政策，充分发挥地方比较优势，以差异化的产业布局构成国家的科学产业体系。这已经是被改革开放以来的实践所证明的，更能有效促进国家经济发展的产业政策。

（二）弥补市场失灵

1978 年召开的党的十一届三中全会，改变了中国长期计划经济的发展模式，开始注重市场在资源配置和引导生产者行为方面的作用。这对不论地域面积还是人口数量都与很多中等国家相似的中国各个省来说，注意发挥市场的作用，不能采用完全一致的产业政策就显得十分现实。中国特色社会主义市场经济的独特优越性，自然包括各省从自己的实际情况出发采用不同的产业发展策略。例如沿海东部各省具有天然的开展对外贸易的交通优势，“大进大出”的加工贸易方式在改革开放初期就很难在内陆地区被广泛采用；同样，在我国“三线建设”中迁往西部的大型兵器企业的“军转民”以及以矿山原料为基础的一些产业，也不可能在东部落地。各省级政府通过制定产业政策为企业发展提供发展方向，在避免重复建设的同时也有效地纠正了资源过度使用的负外部性，这逐渐成为省级政府推动经济可持续发展的有效手段。

我国一些学者肯定了产业政策在实施过程中的有效性，如林毅夫等学者指出，通过制定产业政策，政府可以有效协调同一产业中的不同企业生产，并弥补市场在创新等领域的失灵问题。而地方政府的产业政策在总体上显著提高了地方产业的生产率，促进了地区产业结构的合理化和科学化。

第二节　省级产业政策相关要素分析

一、实施主体

我国省级产业政策作为地方推动经济发展和调控经济的手段，是逐渐形成的。早期国家产业政策直接替代了省级产业政策，但各省在贯彻过程中往往存在差异，这是由于各省的经济发展环境的差异所决定的。同时，地方经济发展成就往往是中央考核地方主政官员的一个极其重要的因素，所以，当国家产业政策难以兼顾本省的具体情况时，地方政府官员就会考虑制定更加符合当地情况或更有利于本省发展的产业政策。各省最希望国家规划的优势产业符合本省的情况，而对于不在国家产业政策中却符合本地经济发展状况的优势产业，就会通过省级产业政策给予实质性的支持。

各省在制定产业政策时会尽可能地与国家所确定的重点产业相吻合或靠近，这不仅是因为中国有地方服从中央的传统，更重要的是，国家产业政策所确定的优势和鼓励产业往往附带有一系列的资金支持，如中央统筹专项资金、贷款贴息、贷款支持等。在这种情况下，一些省份甚至会选择偏离自身比较优势的产业而与国家的支持政策保持一致，在制定产业政策时希望通过紧跟中央来获取更多的资源支持。

二、对象

（一）关于选择性与功能性产业政策在当前情况下的分析

党的十八大之前，我国省级产业政策多为选择性的；党的十八届三中全会提出发挥市场在资源配置中的决定性作用之后，省级产业政策有所调整，功能性产业政策被更多地引入行业的发展中。但是，在经济发展规模指标仍然是上级考核的主要内容背景下，如何在短期内实现经济产出与资源投入比率的最大化依旧是各级地方政府尤其是省级政府重点考虑的问题。面对同一产业中生产效率参差不齐的企业，政府的理性选择是通过选择性产业政策给予重点产业中的重点企业更多的扶持，以实现效率最大化。相对于同一产业内部的其他企业而言，重点企业获得倾斜的资源后更有理由增加投资扩大规模来再次获得激励。选择性产业政策的强针对性虽然在一方面促进了整个产业生产率的提高与地区较快的经济增长，但其他企业的被压制不利于全行业的长远发展，无法实现良性的市场竞争。

功能性产业政策与选择性产业政策的不同在于其具有非特定指向性特点。在功能性产业政策背景下，政府是以创造良好的营商环境为前提的，通过完善基础设施建设、鼓励技术创新、促进良性竞争等方式，为各产业的发展以及同产业中的不同企业创造公平竞争的开放市场。在发挥好市场在资源配置中的决定性作用过程中，政府没有必要去选择重点扶持的产业或企业，而应该将选择权“让渡”给更有效率的市场。功能性产业政策的有效实施能够推动产业升级、优化产业组织、改善经济结构、提高发展效率，最终增强我国经济的内生动力。所以，笔者强调省级产业政策的制定更重要的是为企业提供更多行业信息，引导企业行为方向。

（二）制定省级产业政策时应考虑的因素

在制定产业政策时，地方政府为获取资源支持，会尽可能与国家产业政策中提及的“重点产业”保持一致，这里的“尽可能”是与本省已经具备的优势产业发展和当地的区域优势之间进行比较而确定的，谁更能推动地方经济发展同时成本又相对低，谁就能“胜出”。

目前，我国省级主要领导受任期的限制，党政主要领导在主政期间不同程度地会考虑任期内的投入与绩效关系。不排除可能发生这样的情况，有些培育性产业尽管符合国家战略，也对地方的长期发展有战略意义，但却因为需要长期发展才有明显的绩效，在任期内不可能转化为当期政绩，就很有可能不会被放在最优考虑之列。如果考核政策能更加科学，就会有利于各省的长期可持续发展。

地方区域优势应该是左右地方产业政策制定的重要因素，根据主体功能区原理，一个地区的发展与该地区的资源禀赋、发展水平和发展潜力有直接的关系，其所在省的经济成就既会成为考核省级干部的重要指标，也会成为各省排列位次的主要因素。因此，多重因素会促使领导追求本地区经济发展，提高省际间的排名。在发展本地区的经济时会谋求在国家产业政策支持的情况下，发展具有地方特色、符合区域优势的产业，获取“多赢”。总体上看，我国中央政府具有相当强的资源调配能力，其产业政策具有很显著的导向功能。由于不同区域对中央财政的贡献有差异，中央的产业政策的导向会更多体现出发达地区产业结构的演化方向。在这样的背景下，欠发达省份就会尽可能地靠向中央的产业规划以获取更多的资源支持。但是，主体功能区的客观要求不可能使所有省份制定的产业政策都契合国家的总体目标和方向，所以，我们应该理解各省产业政策的差异性，正是这种差异，才可能使我们这个大国有相对的分工以形成合理的产业体系。

三、激励

产业政策主要是通过调节资源分配对相关产业的生产经营活动予以支持或者限制，在现有条件下，省级政府调动的资源主要是财政金融、政策规章和土地。

（一）财政金融

地方产业政策对企业的财政激励主要通过中央统筹资金、贷款贴息、专项基金等前期激励以及政府采购或组织引导其他企业采购和税收优惠等后期激励实现的。省级以下具有财力支配权的政府，通过给予企业优惠税收待遇以减轻其税负，达到补贴企业从而激励经济发展的目的。但政府完全可能受到信息不对称的影响，导致政策的实际激励效果远不及预想的目标。因为政府与市场之间的信息不对称是常态，企业会按照满足自身利益最大化的需要对政策作出不同的选择，这些优惠政策效果就因此而失去精准性，影响其效果。

我国的金融机构具有独立性，但是，政策性银行以及地方银行受到政府的直接干预是不争的事实。地方政府在常态下都会通过金融机构对企业予以激励。尽管金融交易的主客体行为很早就提出要市场化，而地方政府也非常清楚如果金融机构出现问题，兜底的还将是地方财政，但是发展甚至是高速度发展像无形的强大推动力在影响着地方政府干预金融活动。同样，各种金融机构包括国有控股的商业银行，在日常的经营活动中与地方经济有着千丝万缕的联系，非地方金融机构也需要依靠地方资源经营，这就自然形成地方政府对金融机构变相的影响力，对地方银行的控制力就更加直接。所以通过这些途径，省级产业政策要支持的产业或企业，地方政府完全可以帮助其更容易地从银行获取资源。

（二）政策规章

省级政府在政策规章上的激励可分为地方制定和中央出台的政策规章。对于中央出台的，地方政府可以倾向性地利用其中条款扶持本地企业。但一般来说，地方性政策规章是出台地方产业政策的主要形式，在我国现阶段治理状况下，省级政府有较大的空间出台规章对某行业或企业进行支持，而且这些规章无需经过省级人大的批准，尤其在经济处于调控期的时候，省级政府利用规章对产业进行调整是比较常见的一种方式。

（三）土地

我国的土地是国有性质，但是在管理上，长期是由国家主管部门下达一年城市建设用地总量，而具体的审批是由省级政府完成的，也就是说，省级政府对其管辖地区国家给予的土地具有使用数量审批权。自 2013 年实行新型城镇化建设以来，省级政府拥有的土地权力越来越大。2019 年 8 月，十三届全国人大常委会审议通过，并于 2020 年施行的《中华人民共和国土地管理法》提出了多项土地改革措施，2020 年 3 月国务院又给部分省市赋予城市建设用地的权力，这为省级政府在土地上支持并调整产业政策提供了更为广阔的空间。任何行业企业都必须在获取土地资源的前提下，才能获得开展生产经营活动和加快发展的基本条件，这就无法绕过地方政府的审批。省级政府也往往通过加速审批流程、放宽土地使用标准、确定不同的单位土地产出率等方式来制定地方产业政策，从而使产业得到调整和发展。

四、作用周期

从地方产业政策出台的过程看，地方政府在制定产业政策时必然会注意到国家产业政策的要求，也会尽可能地参考国家规划的目标和方向来制定本地的产业政策。根据我国现行制度，国民经济和社会发展规划每五年制定一次，国家规划虽然在一定程度上具有连续性，但周期的存在还是会导致省级产业政策需要根据国家规划的调整进行一定程度的变革，而地方主政官员的改变也会影响选择性产业政策的实施。

研究表明，各级政府的经济活动存在着一定规律，比如政府在经济结构中的作用很大程度上会体现在其对于所掌握的信息总量的综合运用。在现阶段我国社会主义市场经济中，政府往往还起着比较关键和重要的作用，这就使得省级政府利用其优势获取更多的信息，并基于此制定产业政策引领当地产业结构的变动。但是随着市场作用的强化，这种获取总量信息的优势会随着时间的变迁和产业政策的推行逐渐弱化，信息的公共性公开性使各级政府不可能永远保持总量信息优势，这样省级政府就失去了通过选择性产业政策对产业结构的变动进行长期引领的条件，这种引领将更多地建立在市场配置资源的基础上。

相较于选择性产业政策，功能性产业政策更加注重市场环境的营造，这与社会主义市场经济的发展大趋势是相吻合的，如果省级政府主动将自己的行为建立在与市场互补的关系基础上，那么政府的作用就有很强的生命力。从长远看，功能性产业政策的作用相对较大。

第三节 省级产业政策的演进过程

从大趋势上看，我国省级产业政策的演变可以将 1993 年作为关键时间点，分为前后两个阶段。

1993年以前，产业政策是作为国家计划经济体系中实现硬性指标的手段而存在的。从数量上看，产业政策处于初步尝试阶段，因此并未被大范围使用；从内容上看，此时的产业政策也多为国家政策方针的直接体现，是服务于行政性指标的保障性政策而非服务于市场的。

1993年发布的《中共中央关于建设社会主义市场经济体制若干问题的决定》对产业政策的发展提出了新要求。随着时代的发展，产业政策在中国被广泛运用。在内容和目标上，产业政策从计划走向了市场，从实现经济任务转变为提供宏观指导。各省的产业政策也从趋于一致走向分化，以各省实际情况作为制定省级产业政策的基本依据越来越成为一个基本要求。

具体而言，国家和省级产业政策的演进可划分为六个阶段。

一、1978—1987：产业政策的概念引入与初步认识

1978年党的十一届三中全会作出改革开放的决定后，中国开始积极向外学习，力图借鉴他国经验以发展本国经济，而战后日本经济的迅速恢复和彼时的高速增长引起了国内学者的广泛关注。比较典型的是1982年中国社会科学院赴日宏观经济考察团在《现代日本经济》一文中对日本经济高速增长的原因进行了初步分析并提及了日本的产业政策，文章主要对日本政府制定产业政策的出发点进行了介绍、对日本产业政策的特征进行了分析。1987年国务院发展研究中心产业政策专题研究组发表了题为《我国产业政策的初步研究》的研究报告，指出："剖析我国产业现状，研究和制订适合我国国情的产业政策无疑具有重大现实意义。这是改革与发展的需要。"这篇报告对我国产业政策的制定提出了详细的建议，设想了产业政策应该具备的特征。此时的产业政策被认为是协调宏观经济的控制手段。研究组在引入产业政策的概念时，偏重于选择性产业政策，忽略了日本经济学家对选择性产业政策的反思与批判。

由于当时处于认识探索阶段，产业政策是作为我国学界的研究对象而存在的。在实践层面上，一方面，产业政策并没有得到过多的推

行；另一方面，此时各省虽然没有明确的产业政策，但也对产业作出了相应的调整，然而并非所有的省级政府都能够及时合理地调整产业布局。因此，省级产业政策在这一阶段仍呈现为模糊不清的形态，产业政策的制定也多依赖于中央而非各省。

二、1988—1992：产业政策的初步探索与尝试

1988 年原国家计委成立了产业政策司，在对产业政策进行广泛的调研后形成了研究成果。1989 年国务院发布《国务院关于当前产业政策要点的决定》（以下简称《决定》），指出："制定正确的产业政策，明确国民经济各个领域中支持和限制的重点，是调整产业结构、进行宏观调控的重要依据。产业政策的制定和实施，有利于把改革与发展、计划与市场有机地结合起来，对于更好地贯彻执行改革和开放的总方针，保证当前治理经济环境、整顿经济秩序任务的顺利完成，促进我国国民经济的长期稳定发展，具有重要的意义。"尽管《决定》对市场机制的态度较为保留，但《决定》的出台还是推动了中国经济体制的改革，通过产业政策的方式给地方和企业一定的自主权，促进了经济的发展，我国的产业政策也从交流研究阶段正式转向探索尝试阶段。

省级政府和各部门主要负责制定落实"集中力量发展农业、能源、交通和原材料等基础产业，加强能够增加有效供给的产业，增强经济发展的后劲；同时控制一般加工工业的发展，使它们同基础产业的发展相协调"这个基本方向的产业政策。

虽然省级政府此时拥有了一定的自主权，但在制定省级产业政策时仍缺乏相关经验。受"自力更生"的财政政策影响，省级政府在制定政策时往往表现出短视的问题，造成了部分结构趋同的产业重复建设。同时，随着省际竞争渐趋激烈，省级政府在出台产业政策时也往往以保护本省生产者的利益为第一要旨，影响了全国统一市场的形成（王慧炯、李泊溪、李善同，1990）。

三、1993—1998：产业政策向纵深发展

1993 年《中共中央关于建设社会主义市场经济体制若干问题的决

定》的出台加速了产业政策的应用。1994年国务院发布的《九十年代国家产业政策纲要》（以下简称《纲要》）则强调了“市场在国家宏观调控下对资源配置的基础性作用”。

《纲要》的发布对“九五”计划的制定产生了较大的影响。“九五”计划中，中央只提出了预测性、指导性的总目标，政府的投资项目被列入年度计划，投资数额也不再做具体的硬性规定而改为每年具体协调。这样，省级政府在制定产业政策时被赋予了更多的自主权，这一特征体现在各省出台的“九五”时期产业政策中，因此“九五”时期也成为我国各省出台产业政策最密集的一段时间。

但是，在“九五”计划编制时，我国的区域差距已经非常明显，东部省份产业水平明显高于中西部省份，各省的产业政策都带有非常明显的地区特色。以重庆和江苏两省的产业政策为例，两省在产业政策上均对《纲要》所体现的政策重点进行了落实，分别对一二三产业作出了相应安排，但在具体内容上则根据当地的实际情况进行了合理区分。处于东部地区的江苏在第一产业的产业政策上主要侧重于提高农业的现代化、科技化水平，在第二产业的发展上也与《纲要》所提及的支柱产业完全一致（机械、电子、化工、汽车、建筑）；而处于中西部地区的重庆在第一产业的政策安排上则更加强调农业基础地位的强化和农业市场化水平的提高，其工业产业政策则选择性地发展了当地具有品种结构优势和资源优势的机械、化工产业。

随着省级政府自主权的增强，在发展经济、制定产业政策时，各省也表现出了一定的差异。一方面，省级产业政策在形式上对国家重点规划发展的产业作出了回应；另一方面，根据当地经济发展状况和资源禀赋的不同，各省则更倾向对既符合国家规划、又具有地方优势的产业予以重点支持。

四、1999—2009：产业政策渐趋成熟

在制定“十五”计划时，朱镕基总理提出了政府不再是资源配置的主要力量，应该通过市场的机制来刺激经济增长。温家宝总理上任

后，则加强了对经济的宏观调控，“五个统筹”的提出成为编制“十一五”规划（我国第一次将“五年计划”改为“五年规划”）的指导原则。

国民经济和社会发展第十个五年计划纲要从战略上调整了产业布局，提倡大力发展高新技术产业以促进产业的转型升级。2008 年金融危机发生以后，政府则通过产业政策对产业进行干预，以实现“保增长、扩内需、调结构”的目标。在此期间，《当前优先发展的高技术产业化重点领域指南》（1999、2001 年修订）、《国家产业技术政策》（2002）、《十大重点产业调整与振兴规划》（2009）等一系列重要文件相继出台，体现了国家宏观调控的力度。

传递到地方则体现为各省对中央规划的积极响应。以湖北省为例，随着国家对高新技术产业发展整体部署的增强，湖北省的产业政策也朝着纵深化方向发展。据有关资料显示，2000—2005 年，湖北省仅在高新技术产业方面就出台产业政策 120 件，在这一系列政策的影响下，湖北省高新技术产业对区域经济的贡献迅速提升。这一时期的省级产业政策体现出系统化、集成化的特点，政府通过产业政策对市场进行宏观调控，对相关的企业增加了鼓励措施，在一定程度上释放了企业活力，同时也比较注意通过市场的手段促进经济的增长。

五、2010—2013：产业政策对产业结构的优化

2010 年国务院颁布了《国务院关于加快培育和发展战略性新兴产业的决定》，对战略性新兴产业进行了定义，选择了以节能环保、信息技术为代表的七个产业进行发展，这个决定对国家和各省的“十二五”时期的产业规划和产业政策有着直接的影响，我国的战略性新兴产业也由此全面推进。

根据我国行政体制的基本特征，下级服从上级也体现在产业政策的制定上，“十二五”期间各省的地方产业政策多以发展战略性新兴产业为基本要求。出于提高创新能力、发展相关产业的需要，这一时期的省级产业政策通常着力于消除体制机制障碍，通过创新产学研合作

机制，深化行政审批、财税、投融资、土地等重点领域改革，创新政府管理模式，为战略性新兴产业的发展提供保障。这一特征也标志着我国的省级产业政策开始从针对特定行业、某一产品制定政策向注重创造良好的环境和支持产业集群转变，各省级政府通过支持自主创新、培养行业人才以促进整体战略性新兴产业的科学发展。

从资源优化配置的角度，要最大限度地发展战略性新兴产业，必须提供体制机制的支持，有发展就有淘汰，有支持就有限制，所以这一期间的省级产业政策还强调了对落后产能的淘汰以及传统产业的提升改造，体现出省级政府依靠产业政策优化产业结构、促进国民经济转型升级的特征。

六、2014—2020：产业政策对产业发展的引领

1993 年到 2013 年的 20 年，国家和省级政府通过制定五年计划（规划）和直接发布政策的方式，推动了产业政策在多个行业的运用。从整体上分析，这 20 年市场机制在产业发展中的作用有一定增强，但实施的产业政策基本上是以“政府导向”的选择性产业政策为主。出台的产业政策在注重对某些产业扶持的同时，对其他产业（非过剩产业）形成发展空间的压缩。产业政策在资源分配上培育了一批对国家和各省中长期发展有着战略性意义的产业，同时也使部分被扶持的产业出现了盲目投资而导致产能过剩的现象，省际的产业同构现象加剧。尤其是部分省份的产业政策直接采取对特定技术、特定产品、特定企业的选择性支持，对广大中小企业发展空间有一定的影响，以至于后来不得不对部分选择性产业政策带来的负面影响进行调整，并处理过剩产能。

2013 年党的十八届三中全会作出了《中共中央关于全面深化改革若干重大问题的决定》，为产业政策的调整提供了新的契机。通过产业政策营造良好的发展环境、推动企业行业创新成为这一时期省级产业政策的重要特征。

如针对先进制造业出台的《2025 江苏行动纲要》就提出“坚持产

学研用相结合，联合攻关，协同创新。优化人才发展环境，加强高端创新、经营管理和高技能人才队伍建设，夯实制造强省人力资源基础”。多数省（区、市）都开始注重在战略支撑与保障措施、深化体制机制改革、营造公平竞争市场环境、健全多层次人才培养体系等方面，使省级产业政策逐渐向功能性特征方向转变。

第四节 省级产业政策基本规律总结

一、总体趋势

我国省级产业政策的实施表现出明显的阶段性差异，长达几十年的经济高速增长表明，中国经济发展的关键在于经济结构的不断转型，总体上从“要素驱动型”转向“创新驱动型”。在这个过程中，选择性的产业政策有效调动了有限的资源，引导了产业结构的优化，推动了经济增长。然而，随着转型升级和改革的不断深化，产业呼唤着更加开放的创新政策，而功能性产业政策的基本特点正好契合了这一需求趋势。

二、内容特征

尽管我国各省的产业政策随着产业的不断发展渐趋多样，但各省的产业政策仍具有一定的一致性，体现出国家规划的总体方向。

改革开放伊始，产业政策的出台推动了我国经济由政府指令性引导到政府与市场共同在资源配置中发挥作用。社会主义经济建设不断深入，《国务院关于加快培育和发展战略性新兴产业的决定》等重要文件的发布有利于相关产业的合理化发展与产业结构的均衡化。党的十八大以来，产业政策的内容逐渐走出产业发展只顾及当下的局限，既关注和指导当前一段时期的产业调整，又结合产业发展的规律和趋势为未来的产业发展指明方向。

凡是当国家一些重大的带有方向性的产业政策出台时，各省级政府往往紧随其后发布相应的产业政策。如《国务院关于加快培育和发展战略性新兴产业的决定》发布后，《黑龙江省关于促进战略性新兴产业加快发展若干政策措施》《中共湖北省委 湖北省人民政府关于加快培育战略性新兴产业的若干意见》《中共湖南省委 湖南省人民政府关于加快培育发展战略性新兴产业的决定》等相继发布。虽然我国各省在发展状况上具有较大差异，但由于中央在制定产业政策时更多地考虑总体性和全局性，省级政府在产业政策的细化上能够发挥较强的自主性，往往在响应中央号召时，会根据本地实际情况调整政策的具体内容。

党的十八大以来，国家产业政策越来越集中在对战略性新兴产业的规划扶持。围绕创新驱动发展战略，中央政府出台了一系列相关的产业政策，如《国务院关于积极推进“互联网+”行动的指导意见》《国务院关于印发新一代人工智能发展规划的通知》等，各省级政府紧随其后，根据中央的战略部署出台相应的地方产业政策落实国家的规划。无论是综合性的国务院产业政策要点精神，还是具体到推动各省产业高质量高水平发展的省级产业政策，内容的转变体现了产业政策推动我国产业转型升级的大趋势。

第二章 省级产业政策理论研究

我国产业政策的复杂性来源于其关联主体之间密切交织的利益关系：中央政府与省级政府的互动关系、省级政府间的竞争与博弈、省级政府对下属区域及大型企业的管理与合作，这其中每一环节都影响着产业政策的规划、制定、执行以及最终的实施效果和未来方向。总体而言，中央对宏观经济的整体考量引导了产业与资本的变动方向，而省级政府则从本地绩效角度一定程度地重构了产业政策的实际导向，作为市场的组成部分和客观主体，企业在追求利润最大化的过程中必须将无形的资产与成本也纳入决策条件。这就构成了理解和评判产业政策的三个层面的思考。

第一节 宏观层面分析

宏观的产业政策从制定主体上可以分为中央和省级产业政策两类，受决策出发点的影响，两类政策在性质、形式、特征等方面都有一定的差异。

一、中央和省级产业政策的制度背景

分权治理模式是中国式产业政策产生的制度背景。改革初期，为充分调动省级政府在经济发展方面的主动性，中央将部分经济权力下放，但在行政领域仍然权力集中，即行政（相对）集权下的经济（相对）分权。在行政层面，中央通过制定一系列指标体系来考核省级政府的执政情况，甚至以“竞争锦标赛”的形式作为主要行政官员的调整依据，因而中央政府的考核指标就成了省级政府努力的方向。而在经济层面，经济（相对）分权能够有效激励省级政府的自主积极性，

在结合本省实际情况的前提下制定地区独特的产业政策。例如，财政的分税制通过让省级政府分享经济发展红利的方式激励省级政府积极推动发展，增加政府的财政收入。

中央赋予省级政府的任务可以分为两大方面，分别为总量要求和质量要求，即在发展区域经济的同时推动经济发展方式转变及结构转型升级。两个方面无须秋色平分，而是根据发展阶段的不同各有侧重。孙早和席建成 2015 年就在其研究成果中指出，从中央制定产业政策的出发点来看，产业政策属于“质量任务”；然而在现实制度下，地方经济的总量发展以及社会民生稳定等非经济目标也是地方政府必须要兼顾的，产业政策的实施效果实际上就是地方政府在各个指标间权衡取舍的结果。

二、中央产业政策与省级产业政策的对比

（一）功能对比

中央产业政策在一般情况下是以选择性政策为主，相对关注产业结构政策、重大产品政策、重大产业技术政策、产业组织政策以及产业国际竞争力政策，它指明了什么是目标产业，哪些是发展或淘汰、限制的产品、服务和技术，在哪里发展，什么样的产业组织形式，要达到怎样的国际水平，要使用怎样的政策工具等，发挥着“指挥棒”的作用。相比之下，省级产业政策就更像一个“演奏者”，负责在中央的指挥下结合本省实际情况将市场要素有序组织起来，弥补本地市场在要素配置方面的各种缺陷。

（二）形式对比

中央产业政策的内容包括产业结构、重大产品和关键技术政策等，并作为指导各省产业发展的主要依据，不定期地进行修订。省级产业政策的制定则在中央产业政策的基础上进行精细化的调整，涉及的具体产业更少，可执行性更强，目的性更明确。

在发布时序上，任何行业的政策在中央和地方都有比较明显的区别，中央产业政策的推出较为集中且一般早于省级政府，而各省视某

产业在本省的地位决定其政策出台时间，通常与该省产业发展的实际状况密切相关的优势主导产业政策会较早地出台。

在发布政策的层级上，中央主要是国务院、国家发展改革委、科学技术部、工业和信息化部以及有关标准委员会等主管部门，而省级除了五年规划中体现的产业政策由省级政府发布以外，主要还是由省级政府的各个部门进行发布，这也体现出了各省对于政策重点的理解有所差异。

在政策工具使用上，中央对产业的实质性影响并非通过具体的政策，而是使用环境型工具，即以“法规管制”为主，包括颁布、备案各类行业标准、国家标准等。省级政府则注重提出特定的目标和规划，更多地使用供给型政策工具，以产业和科技资金投入为主，但在具体的投资环节方面，各省之间存在差异。

（三）特性对比

1. 中央政策的反周期性和省级政策的顺周期性。

产业政策可以在一定程度上激发经济增长，因而当经济下行压力来临时，政府或许会更多地出台产业政策。从 1980—2016 年 GDP 增长率和产业政策出台数量的关系图（见图 2-1）可以看出，1999 年和 2009 年都是产业政策数量的波峰，而在这两年之前，政府都面临着持

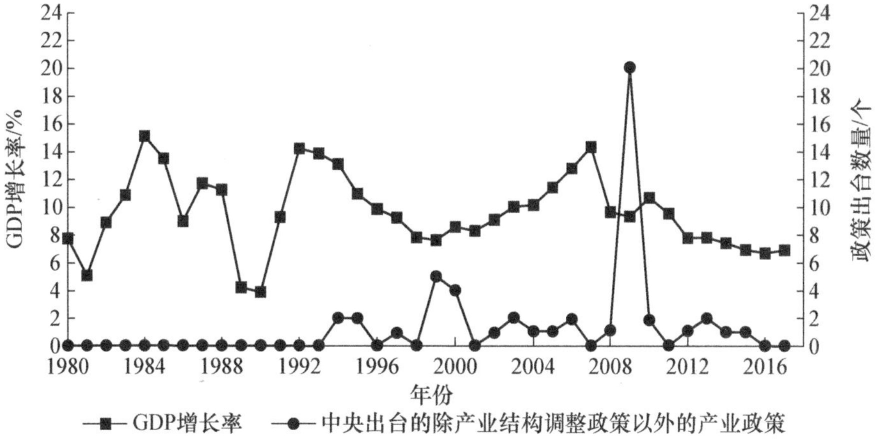

图 2-1　中央产业政策与 GDP 增长率

续的或断崖式的经济下行压力，而在大量政策出台后，GDP 增长率都出现了较为显著的回升。

相比之下，省级产业政策的制定则与经济增长的压力正相关。如果地方政府面临的各方面压力越大，颁布实施产业政策的动机就会越强，更容易采取一些积极的正向措施来激励经济增长，如提高补贴、建立基金、要求地方金融机构定向对产业进行资金输入等。在国家层面市场的影响下，省级经济的增长压力一方面取决于本省经济结构和经济基础，另一方面也与其他省或经济比肩省的经济增长率相挂钩。当宏观经济向好发展，省域经济就会面临更高的增长压力，省级政府也面临更大的压力，也就会推动出台更多的省级产业政策。

2. 中央产业政策的倾向性和省级产业政策的系统性。

从 1989—2017 年中央各类型产业政策出台数量占比情况可以看出（见图 2-2），重点产业政策的占比最高。而从各五年规划（计划）期间中央出台各类型产业政策的数量可以看出（见图 2-3），重点产业政策在各个时间段都有，且重要性不断突出。不仅如此，细究文件可以发现，被纳入"某类行业"的产业与重点产业间存在较为密切的关系，甚至在一定程度是重点产业的上下游或关联方——也就是说，相当一部分的中央产业政策都向重点产业倾斜。这种倾斜一方面立足于全国经济发展的大局，起到引领带动或者平衡地区差异的作用，另一方面对非重点产业的发展则没有给予太多关注。这很明显地表现出中央产业政策的倾向性特征。

省级产业政策则显著地表现出系统性。一般说来，优秀的省级产业政策都具有多层次、多方面的内容，且相互间存在关联性和协调性。省级产业政策还通常与财政政策、贸易政策、劳动政策、金融政策等联动配合，共同构成了完整的经济政策体系，致力于促进地方经济的高速发展。此外，部分地区还会考虑本地产业与毗邻地区产业之间的关系，考虑产业链条的形成等。当然，由于"分灶吃饭"的财政体制，省级产业政策也会考虑对本省经济的倾向性扶持，相对于中央产业政策，在政策设计时更加关注不同产业之间的动态均衡，表现出省级产业政策的系统性特征。

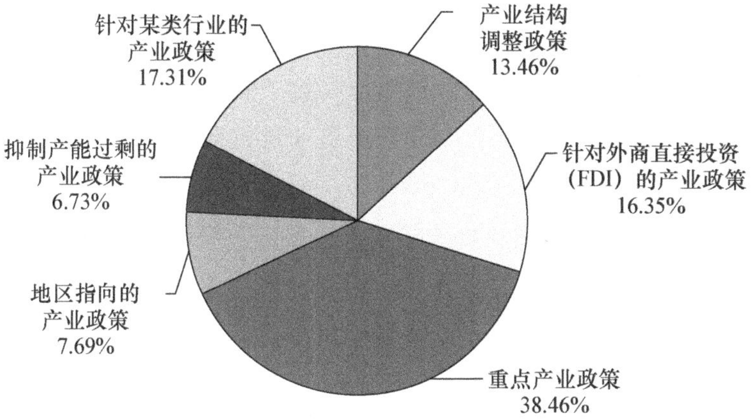

图 2-2　1989—2017 年各类型产业政策出台数量占比

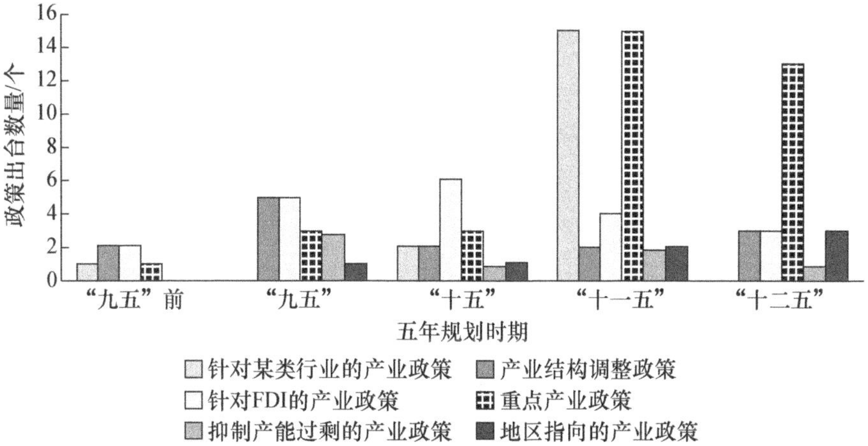

图 2-3　每个五年规划（计划）时期各类型产业政策出台数量

三、省级产业政策的制定依据

在我国省级管理的特色制度下，其产业政策的制定面临两重考验：一是由于上下级政府之间存在信息不对称，省级政府若不能在省级层面进行有效的调整，极可能在贯彻中央政策的过程中出现“水土不服”

的情况；二是考核形成的激励机制可能导致省级政府忽视中央产业政策的正外部性，以地方产业政策的形式过度保护地方产业的发展，形成“偏私性激励”，导致市场失灵。

通常情况下，对政府的决策进行风险控制是非常重要的。各种省域风险就是省级政府制定产业政策的重要考虑因素，他们会考虑的问题包括但不限于：

1. 政策是否伴随有指标考核的修正和经济补偿、激励；政策效果会对在任的政府官员带来怎样的影响？

2. 其他地区尤其是毗邻省份将会在多大程度上、以怎样的形式贯彻中央产业政策，它们会如何激励与考核，这些行为对本省有多大的影响？

3. 本省企业是否愿意并且在多大程度上来贯彻政府的政策；本省政府财力是否能够支撑相关的产业政策，在多长期限内可以看到相对明显的成效；政策在短期和长期会对本地经济、社会带来怎样的冲击，辖区能否承受这种冲击？

一般而言，省级政府的产业决策逻辑如下：

1. 风险分担。若中央政府在产业政策贯彻方面制定了详细的指标要求，能够具体检测到相关指标并进行严格考核，那么省级政府贯彻的积极性会很高，因为中央经济政策给省级政府带来的绩效风险能够在很大程度上被分担。

2. 他省影响。若其他省级政府在贯彻中央政策方面表现较为积极，完全可能刺激本省政府表现出更高的积极性。

3. 地方基础。如果省级政府能以较低成本达到一定目的，或者中央产业政策比较符合本省企业的意愿，省级政府就会在相应的政策制定方面表现出更高的积极性；如果本省经济基础较为扎实，或是创新能力强、风险承受能力好，同时中央政策相关的产业在当地具备较大的发展潜力，就能更多地降低政策贯彻过程中的风险，得到省级政府的积极响应。

4. 贯彻响应。各省在同样的条件下，更倾向于以中央规划的内容来选择本省的重点产业；但是相对于本省的产业优势与经济发展具体情况和条件，对于不符合本省比较优势的产业，省级政府不会盲目追随中央的产业政策，而对有利于促进该省经济发展的产业，各省也不会因为中央未提及该产业而放弃将其列为重点产业，这种相对独立性，在各省的五年规划制定中表现明显。

四、差异分析

不论中央或地方产业政策的制定与出台都不能仅凭产业理论的推导，而是应综合考虑多方主体的利益增损，公共选择困境贯穿于政策制定和执行的始终。出发点与利益关系的不同是中央与省级产业政策间存在差异的主要原因。

（一）省级基础条件有明显差异

赵婷、陈钊通过计算比较优势（包括显性和隐性），并与地方二元变量进行回归，发现每个五年规划期初，中央重点产业在各地区并不存在显著的比较优势。然而，将样本点缩小为东部地区，相应的变量系数就从显著为负变成显著为正了；当进一步缩小为东部中心城市时，系数不仅显著为正而且变得更大了。这说明中央选择的重点产业在中西部地区省级层面并没有比较优势，平均来看更适合在东部地区发展，且地区越发达比较优势越明显。但是，我们进一步分析会发现，在时间维度上，中央产业政策所确定的重点产业在规划期初，东西部均没有显著优势，但到了期末，基本上是东部领先形成了优势。这里还不能简单地认为中央产业政策是为东部量身定做的，因为要实现一个产业的振兴，存在着对政策理解、产业配套、研发水平等一系列具体问题，这些都与各省的基础条件有很大的关系。同样一个政策在不同的地区会产生完全不同的政策效果。

在中央政策发布期初，与各省非重点产业相比，地方推动发展但不在中央重点产业名单内的产业更具有比较优势。中央鼓励发展的产业一般具有较高的要求，在东部地区，由于其潜在的发展优势和配套以及市场条件较好，紧跟中央选择的重点产业经过几年的调整，会较快地具备相对强的比较优势。而广大的中西部地区，不论在期初还是期末，不属于中央重点产业的地方重点产业最可能在当地具备比较优势，紧跟中央选择的重点产业则很难像东部地区一样形成比较优势。

（二）省级之间存在不当博弈

省级产业政策对于省域地方经济发展具有策略性作用。在当前国情制度下，省级政府间会重点围绕地区的经济发展水平展开竞争，财政补贴、税收优惠、土地优惠等产业政策对于吸引企业投资、推动地区经济增长具有直接作用。如果其他省尤其是与本省在总量相差不大的竞争型省份都利用产业政策强力推动某些产业发展，而本省不出台相应的产业政策，就可能会流失掉部分潜在的投资企业，进而影响本省的经济发展绩效。因此，出台产业政策就成为该地区的占优策略，哪怕该省受财政等限制不能给予直接的补贴，也可以通过土地优惠、税收优惠甚至是降低环境监管要求等方式来吸引或挽留企业。

西部某省市策划了一个电子类的产业链项目，在此过程中引起了毗邻省市的高度关注，于是围绕该产业链的若干项目展开了优惠政策的比拼。最终的胜方总是以高昂的代价取得项目的落地，这种微观层面的比拼其实是非常愚昧的，我们的官员并不是不知道这是典型的恶性竞争，但是在中央绩效考核和盲目赶超的背景下，早已经失去了理性的思维。在这样的逻辑下，便出现了纳什均衡，即一个地方的决策会引致所有地区的共同决策，不同地区的环境差异被忽略了；哪怕产业政策会导致资源配置变得低效，也没有一个地方政府有动力去做出改变。面临更大增长压力的地方会基于更大的政策力度、更主动地寻找发展本地经济的机会，更有动机地去实施产业政策。①

① 刘小鸽，于潇宇，司海平. 经济增长压力与地方产业政策制定［J］. 经济与管理评论，2019，35（6）：136-145.

第二节 中观层面分析

省级政府的利益由经济和政治利益组成，每级地方政府都有其自身的经济利益。助推经济利益实现的抓手主要有三类，分别为经济资源、政策工具和地方官员任期阶段特点。在民主集中制原则下，每一对直接的上下级地方政府之间，下级政府总会为上级政府服务，以取得上级政府更高的政绩评价。获取更高政绩评价的途径主要有两种：一是以优异的成绩完成各项任务，这建立在上级政府对下级政府的行为掌握完全信息的基础之上；二是下级政府主动承担了非上级要求的任务并表现优异，包括超额完成指标等，这种行为通常能更为直接地被上级政府所关注，但对下级政府会提出更高的要求。在现实中，受限于不完全充分的信息交流，下级政府往往会结合两个方面来满足自身政绩需要。不仅如此，地方政府的利益特点还决定了地方政府必须将经济利益和政治利益结合起来才能实现自身利益的最大化。

根据干预方式、程度和目的的不同，大致可以将省级产业政策分为以下几个层面。

一、选择性和功能性产业政策

根据干预方式的不同，省级产业政策可以分为选择性和功能性两类。这种划分是目前比较广泛认可的标准。

（一）选择性产业政策

选择性产业政策是省级政府针对本省特定的行业或企业提供排他性的激励，以引导这些被选定的行业和企业率先参与目标建设。

选择性产业政策的优点体现在，首先，省级政府可以帮助某些特定行业和企业形成竞争优势，减少政策的阻碍干扰以利于目标的实现，也能集中有限的资源树立行业典范和企业典范，这些典范可以形成省级政府的政绩标志。另外，一旦这些典范在相关方面上实现突破和进展，它们就能作为其他行业和企业的跟随方向和转型借鉴，从而以点带面、以较少的政府投入争取较大的带动效应，降低政府经济成本。其次，由于选择性产业政策中省级政府关注的范围集中，就能够更有针对性地制定政策、加速目标实现的进程，也便于更快地获得政绩和经济收益。最后，在选择性产业政策的干预下，省级政府更能够利用行业或企业之间的竞争和互惠关系，实现任期内的直接利益追求。

这类政策也存在一些明显的问题，首先，容易形成省级政府对那些被选定的行业和企业的保护，影响或阻碍这些行业和企业的创新力和竞争力，对其他行业有明显的排他性，综合政策效果并不理想。其次，政府的排他性支持还会带来市场的不平等竞争，压制其他的行业和企业在发展上的创新力和积极性。最后，一旦政府产业政策失败，就容易让地方经济一时找不到新的出路，从而陷入较长期的低迷徘徊。

（二）功能性产业政策

功能性产业政策是省级政府针对政策目标在市场经济机制方面所受到的限制，从弥补地方市场缺陷的立场出发来决定干预内容并出台相应的产业政策，向所有的行业和企业提供非排他性的激励，以引导有条件的行业和企业率先积极参与政策目标建设，比如为所有的行业和企业提供一个公平、有效竞争的平台，并提供一定的资金支持、设定激励标准等。

功能性产业政策的优点体现在，首先，能够鼓励企业之间的竞争，通过竞争和企业的自愿选择，使那些有能力、有意愿的行业和企业脱颖而出，全身心投入目标建设中，起到调动微观主体积极性和主动性的显著作用。其次，功能性产业政策的干预允许多元化，这样可以让不同行业和企业根据自身情况选择其经营出路，部分产业的失败不会影响其他行业和企业的探索和尝试。这种多元化还能让不同的行业和企业之间通过市场的自由交易建立起有产业链关联的有机联系。这十分有利于形成良好的市场环境，同时还有利于稳定地方经济和就业，避免经济大波动和地方社会问题激化。最后，由于这类产业政策给产业和企业留下了更大的自由选择空间，可以更大程度地减少政府与企业或行业之间由于信息不对称而产生的决策错误，避免人为臆断给经济带来的危害。

这种干预也存在一些明显的问题，第一，功能性产业政策需要地方政府动用更多的财政投入，且行政手段的投入方式难以保证能够取得很好的成效，因而对地方政府及其官员来说风险更大。第二，产业政策从实施到见成效的周期较长，很可能超出本届地方政府及其官员的任期限制。第三，很难树立起有代表性、有影响力的政绩工程为领导在平行竞争中获得突出性成就，当然也减小了一些官员利用这一政策获取各种短期利益的概率。

对省级政府而言，本省的财力水平、中央产业政策的要求、产业的技术特点、政策目标达成的可能性、对地方经济稳定性的影响等方面是两类政策选择的主要因素。一般来说，若地方政府财力有限、上级政府有详细的指标与过程要求、不同企业在政策目标方面的表现差异较大、政策对地方经济的稳定性影响不大，选择性的产业政策更容易被采用。若相关企业具有较强的正外部性，或是对当地经济有一定影响力，则功能性的产业政策更容易被采用。

二、指导性和强制性产业政策

根据预期干预程度的不同，省级产业政策可以分为指导性和强制性两类。

（一）指导性产业政策

指导性产业政策是指省级政府能够把握所有行业和企业关于政府政策目标的意愿，并对愿意跟随政府意愿的行业和企业给予经济和资源上的支持。

这种政策的优点体现在，首先，行业和企业的参与行为自由灵活，可以有效避免政府与企业间的冲突，可以有效地提升地方政府绩效。其次，这类政策对政府财政投入的压力较小，行业和企业是投入的主体。最后，由于政策规定相对灵活，地方政府及其官员容易较好地发挥主观能动性。

但同时也明显地存在一些问题，地方政府难以控制产业转型升级的真实效果，也难以控制转型升级的进程，甚至会出现一些行业和企业通过形式主义的做法获得政府的支持，而最终产业转型有可能没有获得真正的进展，一些行业和企业后期继续陷入经营困境中，导致政策目标的实现程度低。

（二）强制性产业政策

强制性产业政策是指省级政府会制定一些可以进行考核的指标，要求行业和企业执行并在一定时期内完成，这些指标要求也体现了地方政府干预程度的强弱。

这类产业政策的优点在于，首先，省级政府能够在很大程度上把握目标的实现程度和动态状况，做到心中有数。其次，可以减少产业转型升级中的拖拉和形式主义，提高政策意愿的贯彻效率。最后，在特殊时期，强制性产业政策能够最大限度地满足政府对突发事件的处理，如 2020 年初暴发的新冠肺炎疫情，各级政府在医疗防护用品生产上，发挥了极为重要的作用，充分显示了强制性政策的优越性。

这类产业政策存在的明显问题在于，首先，政府对行业和企业行为的强干预性容易引起双方的冲突，特别是在企业利益与政府公共目标之间发生矛盾的时候。其次，政府为了保证干预对象的运行平稳，需要付出更大的财力进行支持，并在这些对象与其他行业发生矛盾以及相应配套等方面进行各方面政策协调时，付出更大行政成本。再次，在强干预后，尤其是在一些特殊情况下的干预，如新冠肺炎疫情紧急情况下服装生产线改为防护服生产线，自然会给企业留下很多后续问题，事后放任企业自己处理会增加企业成本，政府要管又必然增加政府投资。最后，在信息不对称的情况下，地方政府把握不好市场的发展趋势，各种指标性要求和强制性干预不符合有关行业和企业的实际情况，存在干预错误和失败的可能。

省级政府采取什么样的产业政策，或者干预到什么样的程度，均取决于上述各种因素的综合权衡。一般来说，政府会首先考虑上级政府产业政策要求和地方政府的财政能力。如果上级政府的产业政策要求强烈或直接规定有硬性指标，省级政府会更倾向于强制性的产业政策干预，以完成上级的指标要求。如果上级政府的政策要求不强烈，或者希望下级政府更多遵循市场的变化，省级政府就更倾向于采用指导性的产业政策。如果有较强的财政资金实力，地方政府往往会在产业政策上更有所作为，希望能使自己的省份产业结构更加优化、产业层级更加高级、产业质量更加优良，在这种动机下，强制性产业政策的干预就会成为第一选择。通过充裕的财力支持，能够尽力化解强制性产业政策干预过程中可能导致的政府与企业之间的冲突，保证政府政绩在干预行为中不会受到损害，还能保证解决干预给企业留下的后续问题。

三、激励新产业培育和激励新产业规模的产业政策

根据政策追求效果的不同，省级产业政策可以分为激励新产业培育和激励新产业规模两类。

（一）激励新产业培育的产业政策

在激励新产业培育的产业政策下，省级政府主要针对研发、创新、集成、开拓等企业行为进行政策激励，并相应地制定行业和企业在产业研发等方面的进度指标，要求相关行业和企业执行。

这类产业政策的优点在于，第一，通过产业技术的支撑、产业经营环境的营造，行业和企业能够稳步地推进政策目标的实现，避免由于风险导致的不能持续经营的困境和次生经济问题。第二，这类产业政策有利于培养地方经济在新产业上的市场竞争力，因为一旦本地区经济主体取得技术和经营模式上的突破，就会使当地发展取得领先地位，并吸引更多的资本和企业向该地区的集聚，增强地方经济的实力和地方政府的经济收益，还能给地方政府及官员建立政绩的标志。第三，有利于本省支持的企业始终把研究开发放在重要的位置，不断开发新产品、创新技术，形成本地区的综合竞争能力。

这类产业政策也可能出现以下问题，首先，给省级政府形成较大的财政压力，这类政策在经济上行期间更有利于实施，而在经济下行期间就可能使省级政府在财政平衡上出现困难。其次，由于开拓创新

的难度较大，这样的政策激励，不一定能快速取得成效，加之技术创新的未知性特征强，并不可能都取得预期的成效。最后，这类产业政策只适合于那些有一定市场经营实力和经济实力的企业，不能够吸引大量企业广泛参与，因为开拓创新需要耗费企业一定的人力和其他资源，且取得成效时间较长、不确定性较大，会影响企业的现期收益。

（二）激励新产业规模的产业政策

在激励新产业规模的产业政策下，省级政府主要针对参与行业和企业在新产业上的生产经营规模进行政策激励，还会制定有关新产业的生产规模、市场规模、交易规模、产业集聚程度等方面的指标进行衡量。

这类政策的优点主要体现在，首先，注重规模，如果排除市场影响因素，能够较快实现政策目标的经济效果，形成政绩并带来地方经济收益。其次，通过对行业和企业在新产业产出规模上的激励和扩大，一定程度上能够促进规模经济的形成，而规模经济的出现，又能迅速地促进受益行业和企业进行滚动式投入，从而形成更大规模的发展。最后，规模发展带来规模效益，有利于部分具备战略眼光的企业实现新产业及产业链的培育、新产业技术研发和新经营模式的创新开拓。这种良性循环一旦形成，将极大降低地方政府对产业转型升级的补贴成本，并快速取得产业政策效果。

但这类政策也同时存在着较大的风险，首先，在新产业的技术、市场开拓和发展环境处于未成熟期时，由于政绩的需要，可能导致对部分产业的“拔苗助长”，造成新产业的产出规模大，但产品应用范围有限，市场吸纳能力有限，市场的消纳没有持续性，最终使产业停滞不前。其次，产出的规模经济不能与现有的市场规模相匹配，最终使得行业和企业盈利能力低，连带地方经济陷入困境，反而给地方财政造成负担。最后，这样的产业政策属于刺激性规模扩张，容易导致省级经济的波动，影响其可持续性，甚至可能引发其他问题的出现。

选择两种政策的影响因素较多，主要与省级政府主要领导的执政期限、中央政府的要求、新产业发展所处的阶段和产业转型升级中的技术特征有关。一般而言，执政期限较短、上级对新产业的研究投入没有细则要求、只注重产业转型在地方经济中的成果，或是新产业技术和市场经营条件基本具备为地方经济带来增长和税收贡献的能力时，执政者更倾向于推出激励新产业规模的产业政策，反之则会选择激励新产业培育的政策。

第三节　微观层面分析

一、因产施政——五类产业及政策分析

尽管我国各省之间常常将经济总量作为衡量省级经济发展的标志，但是这并不能改变经济发展本质是人均收入的不断增加，其前提是越来越高的劳动生产率水平。而劳动生产率水平的提高有两个途径：一是通过技术创新提高现有产业中产品的质量和生产效率；二是通过产业升级将现有劳动力、土地、资本等生产要素配置到附加价值更高的产业。这两者的实现是“有效市场”和“有为政府”共同作用的结果。根据现有产业与国际前沿的差距，可将我国各省的产业分成五种类型，各省级政府正是根据这些产业的特征因产施政，根据产业的特点制定不同产业政策。

（一）追赶型产业

这是各省（区、市）从20世纪90年代以来最为常见的一种产业类型。其特征是技术和附加值水平与发达国家同类产业比较处于劣势的产业，如汽车、高端装备业、高端材料业基本都属于这种类型。

对于这类产业，各省（区、市）会在各个方面予以最综合性的支持，西部某省有一个“无中生有”的电子类产业政策策划，政府不仅将所在园区赋予了当地最优惠的政策，而且在各级政府的财政资金上也给予了前所未有的支持。一般说来，省委省政府所倡导的要全力赶超的产业，产业链各机构都会予以全力的支持和配合。

（二）领先型产业

到了21世纪20年代，我国已步入中等收入偏上国家行列，部分省（区、市）尤其是东部沿海省份的一些产业，如白色家电、高铁、造船等已经处于国际领先或接近国际最高水平，这类产业必须依靠自主研发新产品、新技术，才能持续保持国际领先地位。

自主研发主要有两种形式：创造新技术和研发新产品，这两项活动都有一定的成功概率和投资风险。在没有外部政策干预时，企业在一般情况下不会主动创新投入，主要还是由于投入风险太大和需求水平没有达到一定高度，此时政府的鼓励政策是非常必要的。省级政府会设立科研开发基金，一些机构也会成立风险投资公司，支持领先型产业开展科研攻关，或鼓励其与高校、研究所等合作，减少企业在创新中承担的风险。政府还会考虑在相关企业间创建技术研发公共平台，充分发挥技术的正外部性。除此之外，政府也会积极提供人才培训、资金、法律方面的政策帮助优秀的领先型企业走出去，拓展省外和海外的研发和生产基地。

（三）退出型产业

退出型企业有两种类型。一是丧失比较优势的产业，其典型代表是部分劳动密集型产业。根据“微笑曲线”理论，在部分企业通过技术研发、品质提升、产业链延长等手段获得更高的产品附加值后，原有的产品生产方式显然处于劣势从而退出。然而，由于我国大多数的劳动密集型产业都集中于市县一级，研发基础相对较弱，地方政府往往会因势利导地采取一些措施来挽救企业，例如为企业提供包括产品技术和劳动力技术等方面的培训，同时给作出技术贡献的企业予以奖励，积极为他们打造展销平台，帮助他们尽快实现产业链转型。再比如协助地方实现产业聚集，支持抱团合作，以便更充分利用当地的比较优势扩大产业规模。另外，在“一带一路”的合作框架下，部分省份的劳动密集型产业也可以考虑拓展海外市场，如在非洲国家设立工业园区，在协助他们改善基础设施和技术水平的同时建立起自己的产业体系。

二是虽然具有一定的比较优势，但由于消费不足而出现产能过剩困境的产业，如粗钢、水泥、平板玻璃等建材行业。这类产业在过去我国高速增长的经济发展过程中以较快的发展速度和较高的生产水平很快形成较大的生产规模，但随着总需求量的变化，产能从饱和转向过剩，昔日的先进设备和技术就失去了“用武之地”。这类企业可以在全球范围寻求市场，比如在非洲、南亚、中亚、拉丁美洲等地区的发展中国家中，这类物资还非常短缺，各省可以通过转移的方式帮助这类产业消化富余产能。当然，在转移的过程中，还是要努力通过技术改造提高技术含量。

（四）超越型产业

超越型产业一般属于新兴产业，其特征是人力资本需求高、研发周期不固定，但产品往往具有较高的附加值，能够一定程度上代表一个地方的创新水平往往受到各省（区、市）的青睐，也是各省（区、市）进行产业结构调整的重要内容。各地政府会针对此类型企业发展的需要，为他们提供孵化基地、保护知识产权、制定优惠人才和税收政策、创造投资平台、提供风险投资平台等。

（五）战略型产业

这类产业通常具有密集的资本，其研发周期长、前期投入大，一般是国家级的投入，省级产业政策给予配套及辅助支持。我国战略型产业不具备整体比较优势，但个别行业优势明显，如航天装备、超级计算机等。战略型产业不能完全依靠市场，需要也必须在政府政策指导下发展。

当然，从国家战略角度发展的产业，应由中央牵头并提供财政支持，从省级角度发展的战略型产业，需要以省级政府资金和社会资金结合来推动。国家战略型产业也会在一定程度上带动相关省级产业的发展，如军民融合产业就是个典型的案例，还可以衍生出配套产业促进地方产业的升级。因此，地方政府十分青睐国家战略型产业在本省落户，并组织鼓励配套产业的发展，加强相关基础设施建设，提供一系列社会公共服务。

二、产业转型与地方产业政策

（一）产业转型的意义

转型理论起源于马歇尔的“企业规模受制于其所在行业”这一论断。就一般而言，产业转型是针对地方经济或产业结构而言的，表现为区域支柱产业的转化，可以用产业比例变化、产业要素的投入密度和比例变化来表示，本质是要素的重新组合及其带动的产出结构、技术结构和产业组织结构的变动，可以认为，产业转型是经济发展中一个质的飞跃。

评价产业转型效果好坏的标准，一是对标产业政策的要求；二是从产业自身发展规律要求的合理性，诸如配套性的问题；三是与本省相关产业的关联程度或者自身链条的长短。从宏观层面，由于我国产业转型是国家政策主导的，是否符合产业政策要求更偏向于省级产业政策与国家产业政策的契合度，但是，国家不宜在一般性产业（大致可以理解为市场竞争类）上制定产业政策，如果在一般性产业上与国家政策对标，势必形成产能过剩。同时，还需要考察产业转型过程中的产业成熟程度与产业扩张规模是否吻合，以综合评价产业转型效果。

（二）无产业政策干预的企业自身转型

在完全市场竞争的机制下，决定企业行为的经济机制是市场经济运行中所形成的边际激励和风险激励。

边际激励是指在整个经济产业结构演变过程中，不同产业之间的经营收益对比会发生变化，这种变化改变着企业生产的边际成本、收益和利润，引导企业调整其在原产业的生产投入规模，同时确定对新产业的生产投入规模。

边际激励发生作用的过程体现在以下几个环节：首先，产业结构演变过程中不同产业的利润率会发生变化①并出现差异。其次，这种差异导致资本从利润低的产业流向利润高的产业，从而使各产业资本

① 边际激励中的产业之间利润率的相对变动原因可以是生产产品的边际成本变化，或者边际收益变化，亦或二者同时变化。

规模发生变化。在市场需求约束下，产业内各个企业的竞争开始激烈，不同产业之间的利润率会趋于一致。与此同时，没有市场前途的产业会由于利润率的不断下降持续流失资本，尽管随着市场上留存的企业数量不断下降，资金的压力能得到一定程度缓解，但随着该产业经营前景的进一步暗淡和新产业收益的逐步提高，这种流出会加剧。由于新产业在经济产业结构的演进中相对利润率一直较高，资本会不断流入，直至该产业中企业之间的竞争达到均衡，预期利润率与其他产业趋于一致。如果某产业在发展中获得了新的技术性突破，就会吸引新的资本流入，这种过程会周而复始地不断发生，直到该产业的技术完全成熟。

风险激励是指随着不同产业之间的企业经营风险以及相应收益的不断改变，这种风险收益的差异会引导企业调整其在不同产业的投入规模。显然，风险偏好的机理以及风险与收益的对等性在此发生了很直接的作用。

风险激励发生作用的过程体现在以下环节：首先，由于产业结构的演进会使不同产业的风险分布不同，对应的收益也就产生差异。其次，在风险收益对等规律的作用下，资本会从风险收益低的产业流向风险收益高的产业，伴随着不同产业的规模变化，产业内部企业之间的竞争状况也发生变化，从而影响企业的经营风险和收益，这种变化会一直延续到整个产业的风险收益基本趋于一致。与此同时，那些没有市场前途的产业，其企业经营风险会不断提高，收益也随之不断下降，从而资本不断流出，产业逐渐被淘汰。最后，由于新兴产业的风险一开始会比其他产业高，但部分成功的产业收益可能会比较高，于是吸引风险偏好的资本流入。随着该产业资本规模扩大，产业趋向成熟，风险不断降低，除了风险偏好的资本流入外，还会吸引部分风险中性和风险厌恶资本流入。

上述两种激励在企业参与产业转型中是同时起作用的，但在产业发展的不同阶段由不同机制发挥主导作用。一般而言，在新产业发展初期，新产业的不确定性使产业发展风险很大，此时的产业发展主要依靠风险激励来吸引企业，风险偏好型的资本会表现出更高的活跃度。到了产业发展的扩张阶段，产业的风险趋小，边际激励发挥主导作用，引导企业资本向高收益产业转移。而对于那些处于衰落的产业来说，企业间激烈的竞争和艰难的经营前景意味着可能面临经营失败的风险，此时的产业风险收益极低，企业是否坚持留在该产业是由产业间的收益对比和企业自身资本实力决定的，此时边际激励起着主导作用，引导一些企业资本继续坚持经营旧产业，另一些资本则转移到别的产业。

在没有政策干预的假设下，企业在产业转型方面的决策有以下几方面考虑。首先，完全市场机制是以利益为导向的，所有影响企业利润的因素都直接影响企业是否参与产业转型及参与程度。其次，企业向新产业转型时的投入主要包括新技术研发和新产品创新，前者的功能是促进新产业发展创新，后者是生产出新产品。完全市场机制使企业在这两部分的投入并不遵循特定模式，而是由产品市场的盈利情况和不同时期研发投入量、开拓的风险程度所决定。最后，是企业的积极性，当企业在旧产业获得的利润较高时，企业向新产业转型的积极性较低。在新产品的研发开拓阶段，若参与企业的数量增加，则一方面市场竞争会加剧，使得每家企业增加投资的积极性下降；另一方面，由于企业数量增加，企业间的正外部性也会增加，则又激发了企业在新产业上的投资和增产的积极性，企业的最终表现由这两种倾向共同决定。结合产业转型过程中存在的外部性、投资成本和风险、技术特征、阶段特征等影响因素，可以发现产业转型并不一定能够达成企业利益最大化的目标。

（三）产业转型对地方政府的影响

地方的产业转型对地方政府的影响不同于地方经济发展对地方政府的影响，会使地方政府在对待经济转型和发展之间有不同的态度。因为产业转型涉及成功的可能性、付出的经济成本、时间成本、对地方经济社会的冲击和社会稳定性、各省间的竞争等问题，地方政府会在此方面下更大的功夫。

（四）省级产业政策对产业转型的作用机制和影响

省级政府利用产业政策对企业的各类干预和影响，从本质上都可以追溯到企业在产业经营中的成本和收益变化上。与市场机制激励企业参与产业转型升级的作用机制相对应，省级产业政策影响企业参与产业转型升级的机制也分为边际激励机制和风险激励机制；前者是指在市场边际激励基础上，政府产业政策改变了企业在经营中的边际成本、收益、利润，然后企业将根据利润最大化的目标调整自己在各产业的投入规模，从而使得新旧产业在整个经济结构中的比例发生变化。而后者则是政府产业政策本身的不确定性和对市场影响的不确定性会使企业面临的经营风险发生改变，这种改变将进一步引起企业调整其在各个产业的投入规模，使新旧产业的结构对比发生变化。

此外，省级政府还会直接以规模激励的产业政策来改变企业的经营行为，即通过对企业经营规模设置相应的政策，影响和改变企业在不同产业的投入规模。这种激励的作用过程可描述为：政府通过产业政策设置规模的优惠政策，企业为获得政策支持而调整其在不同产业间的投入。在获取优惠政策后，企业会根据新的经营环境，重新衡量自身经营的收益、成本和风险，并再次调整投入规模。也就是说，尽管规模激励能改变企业在产业转型升级上的行为，但其持续性是不稳定的。政府的核心关切还是规模激励后，新的产业能否产生规模效益，让企业具备长期盈利的条件。也正因如此，往往政府的规模激励会附带一些条件，以避免产业结构变化的不理想状态。

尽管省级产业政策在影响企业行为上存在一些作用机制，但并不表示它能取代市场机制的作用。产业政策对企业行为的影响从根本上看，还是通过市场机制进行的，只不过是通过政策的方式，改变了企业完全按市场机制经营的收益、成本、风险而已，市场机制作用不可能从根本上消失，所以产业政策离不开市场机制。当然，政府在一些特殊的情况下也能承担主体的作用，如应急事件中所需要的物资生产，政府完全可以采用行政方式直接调整企业行为。但在一般情况下，最终企业参与产业转型的行为和地方经济的产业转型升级效果，应该是市场状况、市场机制和政府产业政策共同作用的结果。

阅读资料 1

工业的使命和价值

——中国产业转型升级的理论逻辑①

新中国成立 65 年来，经历了从 20 世纪 50 年代到 70 年代的初步工业化和从 20 世纪 80 年代以来的加速工业化两个阶段，当前正走到一个必须实现产业转型的关键时期。产业转型具有深刻的意义，是中国工业化内在逻辑的现实演绎，其中工业转型是关键。

一、工业是人类发展的翅膀

人类生存和繁衍最初依赖于自然界中可以直接获取的可用于消费的物质，后来人类逐渐学会了将原本不能用于消费的自然物加工制造成为可以消费的物品，这就产生了“工业”活动，并逐渐发展为加工制造业和建筑业。从手工制造发展为机器制造，形成越来越复杂的生产“生产资料”的经济活动，这样，工业就不断发展成为庞大的“迂回性”生产体系。工业生产的“迂回性”实际上就是生产过程的高度分工化，不仅是各种技术分工，而且是普遍的社会分工。工业既然能够将无用的物质转变为有用的物质，那么也就可以让废物变为资源，工业越发达，就能使更多的物质转变为资源。在高度发达的工业体系中，所有的物质都可以成为资源，因此，从最终意义上说，所谓“资源”都是由工业所创造的。

工业具有强大的创造力，工业渗透到几乎一切领域，使人类现代生活的各个领域都工业化了。

工业对于人类最伟大的贡献是成为科技创新的实现载体和必备工具。工业成为一切科学发明和创新想象得以实现的工具，也是大多数人生活水平提高的物质技术基础。工业化彻底改变了人类发展的一切

① 金碚. 工业的使命和价值——中国产业转型升级的理论逻辑 [J]. 中国工业经济，2014 (9)：51-64. 本阅读资料仅为节选，并略有修改。

领域。

二、工业转型体现了创新和革命的本性

工业发展走向更高文明阶段的直接表现是：以持续创新和“革命”的方式实现经济社会发展过程。工业发展没有历史终点，只要人类存在，工业生产就是其最基本的经济活动之一。工业不仅创造了大量的财富，而且也是解决人类发展各种问题的最重要手段之一。但是，从人类进步的意义上说，解决问题意味着可能产生更多的问题，甚至解决问题本身就是新问题的出现，而更多的问题意味着更大的进步空间，所以，困难、矛盾和问题层出不穷，工业发展就永无止境。中国工业化过程充分表明了工业的这种特点。

工业是中国的骄傲，也是中国的问题。工业的迅猛增长也产生了许多问题，目前中国所面临的“不平衡，不协调、不可持续”矛盾大都同工业增长有关，因此，中国经济发展方式转变的关键是工业转型。中国工业转型所面临的挑战是代际性的，即中国同发达国家的工业素质差距的基本性质仍然是发展中国家同发达国家之间的差距，这种差距是难以通过人为压缩旧产业或扶持新产业就可以在短期内消除的。工业转型升级和产业结构调整不可急于求成，更不能拔苗助长。因此，所谓工业转型或产业升级，实质上是工业所具有的创新性和革命性的自发彰显。

三、信息化智能化是工业发展的逻辑必然

工业在本质上是科技进步的物质实现形式，工业技术和工业组织形态是随着科技进步而不断演化的。工业技术从手工生产到机械化、自动化，现在正向信息化和智能化发展。工业产品则从工匠式到标准化、规模化，再向越来越个性化发展。工业组织形态从集中控制、科层分权，到向分布式、网络化和去中心化方向发展。以蒸汽机为标志的第一次工业革命、以电力和自动化为标志的第二次工业革命，到以计算机和互联网为标志的第三次工业革命，再到以人工智能和生命科

学为标志的新工业革命（也有人称为第四次工业革命），上述工业发展的历史轨迹表明，工业发展实质上是信息关系的演化，也是人类知识进展并成功运用的过程。

由于工业实际上具有信息本源性，即工业是信息的物化体，总是倾向于最大限度地运用可以获取和处理的信息，包括科技知识、行为信息、商业信息等，所以必然走向信息技术越来越高级和信息化水平越来越发达的工业化阶段。信息传递的速度越来越快，成本越来越低，特别是信息传递处理越来越互联网化、分布式化，而不再是“中心—科层”纵向信息传递。因而，工业的信息关系和信息环境必然变得越来越透明，工业生产的“迂回性”关系在发达的信息化条件下将变为网络型关系并越来越具有可视性。这样，信息化必将有力地推动工业文明进程，演化为更具人性化的工业体系和组织形态。

信息化和工业化的进一步融合发展将使人工智能越来越广泛深入地融入工业，不仅工业生产过程智能化，而且各种智能化的工业品将被生产，例如无人驾驶汽车、无人驾驶飞机，以及具有各种拟人功能的机器人。其实，整个工业发展的历史就是一个机器替代人和模仿人的过程，“人机信息互联”和“人机智能一体”是工业技术进化的基本逻辑。过去人们以机械论隐喻人和工业，认为“人是机器”；而在工业高度发达的今天，如果以生物学的隐喻看待人和工业，则可以认为“技术有生命”“机器是人”。因此有国外学者认为，人类正面临新工业革命，意味着进入“新生物时代”。无论我们是否同意这一观点，都不能不看到科学、技术、机器、信息、智能、艺术、人文在工业化进程中汇聚，形成工业文明的内在逻辑，推动人类文明进程。这就是中国工业转型和产业升级的理论逻辑。

第三章　省级产业政策特征分析

我国各省（区、市）的面积和人口与世界上很多国家不相上下（见表 3-1），这就客观上决定了我国各省的发展在全国一盘棋中，既要符合国家产业体系发展的系统性要求，又要符合本省特点发展的特殊要求。在国家层面上不宜对除战略、军事性产业以外的一般性产业做出产业政策限制，因为这极易导致各省的产业发展同质化，最终造成产能过剩。我国各省的资源禀赋和发展水平有很大的差距，按照主体功能区原理，各省发展的主体功能不同，由此带来发展重点就不同。第二产业在很大程度上决定着一、三产业的发展，所以，本书对省级产业政策的研究既会着重于第二产业，由于三次产业的融合趋势，也会涉及一、三产业。

表 3-1　中国大陆各省（区、市）人口、面积与世界部分国家比较表①

排名	地区	人数（万人）	人口相当的国家	面积（万平方公里）	面积相当的国家
1	广东	11 346	日本、埃塞俄比亚	18.00	叙利亚、柬埔寨
2	山东	10 047	菲律宾、埃及	15.38	孟加拉国、尼泊尔
3	河南	9 605	越南	16.70	苏里南、突尼斯
4	四川	8 341	土耳其、刚果	48.14	土库曼斯坦
5	江苏	8 029	德国、伊朗	10.26	冰岛、韩国
6	河北	7 556	泰国	18.77	叙利亚、柬埔寨
7	湖南	6 860	英国、法国	21.18	圭亚那、白俄罗斯
8	安徽	6 324	坦桑尼亚	13.97	希腊、塔吉克斯坦

① 数据截至 2016 年末。

续表 3-1

排名	地区	人数（万人）	人口相当的国家	面积（万平方公里）	面积相当的国家
9	湖北	5 917	意大利	18.59	叙利亚、柬埔寨
10	浙江	5 737	南非	10.20	冰岛、韩国
11	广西	4 885	韩国	23.60	加纳、罗马尼亚、老挝
12	云南	4 801	哥伦比亚	38.33	日本、德国
13	江西	4 622	西班牙	16.70	苏里南、突尼斯
14	辽宁	4 359	阿根廷、乌克兰	14.59	孟加拉国、尼泊尔
15	福建	3 941	伊拉克	12.13	朝鲜
16	陕西	3 835	波兰	20.56	白俄罗斯、吉尔吉斯斯坦
17	黑龙江	3 789	加拿大	45.48	瑞典
18	山西	3 702	阿富汗	15.63	孟加拉国、尼泊尔
19	贵州	3 580	摩洛哥	17.60	乌拉圭
20	重庆	3 048	马来西亚、加纳	8.23	奥地利、阿拉伯联合酋长国
21	吉林	2 717	马达加斯加	18.74	叙利亚、柬埔寨
22	甘肃	2 626	朝鲜	45.44	瑞典
23	内蒙古	2 534	科特迪瓦	118.30	哥伦比亚
24	新疆	2 445	喀麦隆	166.00	伊朗、蒙古
25	上海	2 424	澳大利亚	0.63	巴勒斯坦
26	北京	2 171	斯里兰卡	1.68	斯威士兰、东帝汶
27	天津	1 560	柬埔寨、索马里	1.13	卡塔尔、冈比亚、牙买加
28	海南	926	白俄罗斯、塔吉克斯坦	3.40	不丹、瑞士、荷兰
29	宁夏	682	巴拉圭、保加利亚	6.64	斯里兰卡、立陶宛、拉脱维亚
30	青海	598	黎巴嫩、土库曼斯坦	72.23	赞比亚、缅甸
31	西藏	337	乌拉圭、蒙古	122.80	南非、马里

第一节　省级产业政策成功的标志

什么是成功的省级产业政策？首先，产业政策指导下所形成的产业体系能经得起历史中长期的检验。也就是说，它不仅能现实指导地区产业科学发展，形成与本地特色相适应的产业体系，同时还具有一定的前瞻性，成为国家产业体系的有机组成部分。其次，政策的环境针对性很强。各省发展基础、资源禀赋和发展潜力存在相当大的差异，这是任何政策在设计时必须要考虑的。只有“适宜”的政策才最有利于高效发展。我国各省在不同的发展条件下，综合环境也在发生着变化，这为研究产业政策与制度环境之间的互动关系提供了很好的基础。如果一个省企图完全去模仿另一个省的产业政策，这就忽略了“适宜性”问题，忽略各省环境与政策之间的关系而照搬它省的“成功经验”，最终都有可能“水土不服”。这也正是笔者提出总体上并不赞同在国家层面制定一般性产业政策的主要原因。最后，政府角色适当。国内有许多批评产业政策的观点，最集中的是认为政府替代了市场的选择，由于市场信息的不对称，政府产业政策就会无效。但就我国省级产业政策而言，政府和市场的角色不是“非此即彼”的对立，而恰恰可以“相辅相成”进行补充。我们所寻求的是“有效市场”与“有为政府”的兼容和互为补充。抛弃市场机制，产业政策就回归到计划经济模式，从而失去了效率的基础；但没有政府的产业政策干预，市场外部性就不可能得到纠正。所以，发挥市场在资源配置中的决定性作用和充分发挥政府职能作用是政府角色适当的关键。

一、省级产业政策成功的条件

产业发展本质上应该是市场经济的产物，只有顺应了市场要求，产业才可能得到发展，就遵循市场经济规律而言，产业政策需要顺势而为。无论是发达地区还是欠发达地区，无论是处于先行阶段还是后发阶段，产业政策都广泛被使用。但从产业政策的制定和实施的逻辑来看，政策制定者是有信息、认知和利益局限性的，不可能制定出完美的政策。即便制定出了所谓理想的政策，选择性解读与扭曲式执行等行为也常常导致政策设计与最终的结果发生偏差。

不同产业政策的手段方式和干预程度不同，获得的结果可能会大相径庭。同样的产业政策，在不同的发展阶段使用，获得的结果可能也大有差异。因此，产业政策发挥作用是有特定条件的。即便产业政策可以达到理论上的设定，有促进经济发展的前瞻性，但也只能在环境合适、条件具备等特定条件下才可以发挥作用。

产业政策在制定时应注意以下几点。

一是产业政策应注重在市场失灵领域、市场机制难以发挥作用、市场难以启动阶段使用。产业政策的功能是在产业发展过程中弥补市场不足、矫正市场失灵。产业政策不是替代市场，而是为市场主导的产业发展提供服务。因为市场虽然会出现失灵，但政府行为也会出现失误。

二是产业政策的有限性。产业政策是政府制定的，把政府行为与市场经济要求结合起来，是成功产业政策的特点。如果产业政策不能使本省具有比较优势的产业得到又好又快的发展，或者不能解决市场的痛点，那么这样的产业政策是注定不会成功的。所以，在模仿型产业领域，产业政策就可能表现出局限性，因为该产业已经有明确的产业方向。而对于赶超型和创新型的产业，就具有较强的指导意义，因为这对于这些产业的企业来说未知性较强，产业政策可以尽可能地为企业提供最大范围和深度的行业发展信息，使企业具有足够的信心。

三是产业政策不能限制竞争保护落后。产业政策要鼓励竞争，例如欧盟规定产业政策不得与竞争对立。这就要求产业政策不能发布导致竞争扭曲的措施，反而应该借用竞争达到政策预想的目的。产业政策要营造良好竞争环境，使落后生产力能够退出市场。那么，这与完全的市场经济有什么区别？产业政策引导特定产业发展，只有这个产业内的优秀企业才可能得到政策的支持，并非所有企业都能得到。政府会在所鼓励的产业中再鼓励那些做得好的企业，借用行政力量优胜劣汰。这种行政力量是通过政策的发布和企业的自身努力来共同实现的。同样优秀的企业，在市场竞争的过程中有的对政策的理解更深刻、把握得更好，那么它就可以借助政策的力量获得较强的助推力，好上加好，在竞争中脱颖而出。如果采取行政手段直接支持某行业的企业，甚至禁止其他企业进入，就不是运用市场经济的手段通过竞争来鼓励优势企业，反而保护了落后产业和企业，这种产业政策是不被提倡的。

四是产业政策要有淘汰机制。由于特殊的国情，长期以来我们对劳动密集型产业发展是有其一定偏爱的，这主要是考虑解决劳动就业的问题。如今新技术革命冲击着传统产业，并由此产生了一系列新兴产业，各省的产业政策必须高度关注落后产业的退出通道。而落后产业往往都是劳动密集型产业，淘汰机制并非简单地设计退出政策，而应该从与新兴产业融合、改造提升、“互联网＋传统产业”等角度考虑。还需要重新认识劳动力的红利内涵，从提高劳动力质量方面继续获取红利。产业政策并非长期保护某些产业，如果产业是靠政策保护而生存就必然缺乏创新活力和市场竞争力，一旦失去政策保护，就会被市场淘汰。所以，省级产业政策的淘汰机制并非简单地用干预手段直接设立管理门槛，因为这种方式既不利于新技术产业的发展，也不能形成科学的落后产业淘汰机制。

五是省级产业政策在实施一定时间后必须严格评估。从历史经验看，我国地方产业政策最容易出现的问题，首先是不结合本省实际情况，对来自上级的安排言听计从，盲目执行；其次是完全自作主张，不顾当地的基本条件，追求所谓现代先进，盲目跟风；最后是新官不理旧账，对长期规划和战略不予理会，使发展缺乏有效的连续性，产业政策的正面效应难以显现。正因为会有这些问题的存在，加之现代产业的发展速度很快，所以产业政策设立评估制度很有必要。实施一段时间需要第三方机构对政策的效果做独立评估，发现问题并及时调整。

二、省级产业政策成功的标准

我国的大型国有企业有着悠久的历史，但长时期都是在计划经济时代经营的，接受政府的管理、执行政府的指令在一定程度上已经成为一种积习，这是从历史角度分析省级产业政策的必要性。但进入社会主义市场经济的体制下，市场在资源配置中应该发挥决定性的作用，所以今天的产业政策就不等同于计划经济时代的政府政策指令。

成功的省级产业政策具有如下几个特点。

（一）要符合市场经济规律要求

在我国经济高速发展的30多年，各级政府的产业政策都发挥过重要的作用。在国家层面，宏观调控部门的产业政策在发挥积极作用的同时，也造成了部分产能的过剩。如2015年左右汽车、钢铁、造船等过剩产业均是受国家产业政策严格管理的。当然，不能将其过剩完全归咎于国家的产业政策，但有一点可以肯定，在国家产业政策出台后，地方企业盲目跟风，大干快上成为普遍现象。这是因为凡是国家产业政策鼓励的项目，不仅能获得融资贷款等支持，同时在审批核准等方面都容易获得绿色通道。但更重要的是，中央政府无竞争，而地方政府拥有“省际竞争”“县际竞争”。在这种制度下，地方政府似乎更像是一家企业的管理层，管理一个县就像在经营企业。20世纪末，曾有不少城市郑重地提出经营城市的概念，管理城市也是在经营城市。所有有作为的地方政府都在积极利用市场机制，尽最大努力规避政府信息不足的问题，充分发挥市场与政府的比较优势来发展。

我国省级政府在推动本省经济发展过程中，资源的动用能力十分有限，多数省级财政靠中央的转移支付，相对拥有最重要的生产要素就是省域的土地，所以，利用土地发展房地产成为20世纪90年代以来各省发展的主旋律。纵观各省的实践，可以得到这样的结论，土地使用得当会使地价上升，实现经济增长。在产业发展上，土地也起着相当大的作用，地方政府可以根据当地的资源优势选择产业，由此制定相关的产业政策，并辅之以包括土地在内的一系列优惠政策来支持某产业的发展。无论省市县哪一级的地方政府都希望发展利润高、成本低、污染少的绿色产业，但是每个地方的比较优势不同，地方政府一旦选择错误，就要付出代价，会受到市场的惩罚。全国有两千多个县，如果都对某个产业特别青睐，竞相出台各种优惠措施，进行激烈的“产业政策竞争”，以发展该产业来带动当地经济发展，最终结果是多败俱伤，这就严重违背了市场经济规律。所以，省级产业政策就是为企业发展提供一个广阔的前景，创造良好的条件，使企业在市场经济竞争的汪洋大海中能够选择符合自己条件的最优产业，形成最强的竞争优势。

（二）有利于解决“市场失灵”的问题

公平政府与有效市场的关系是相辅相成的辩证统一。长期以来，处理好政府和市场的关系是我国经济体制改革的核心问题，应当辩证地看待二者作用。一方面市场存在失灵，需要政府的干预；另一方面，政府干预过度就影响市场在资源配置中的决定性作用。所以，既不能用市场在资源配置中的决定性作用取代政府作用，也不能借口更好发挥政府作用而否定市场的作用。二者的共同作用才能推动企业的可持续发展。

市场对经济的调控作用是毋庸置疑的，核心就是对资源进行合理配置。市场也存在失灵，可以理解为市场不能通过自身平衡保持资源的配置优化，需要借助一定外力来实现这个目标。例如，计划经济时代的产业政策可以举全省甚至全国的力量来发展钢材，规模可以在很短时间迅速扩大，但在成本质量上就难以形成优势。当今的一些小钢铁“僵尸企业”，完全靠市场机制就很难退出，经济一波动，基建一上马，“小钢铁”就复活，市场的淘汰机制起不了作用。

衡量省级产业政策的成功与否，在一定程度上就是看其解决市场失灵的能力。省级产业政策在市场失灵时通过外部调控对市场进行调节，提高市场资源的配置水平，取缔市场中的不正当竞争行为，防止垄断，规范市场秩序，这就可以在很大程度上解决市场失灵，为企业在市场中获得良好的环境创造条件。

阅读资料 2

基于政府提出的“贸工联动”的义乌小商品市场

义乌是浙江的一个县级市，辖区面积约 1 100 平方公里。它是我国著名的小商品城。这里地处山区，没有海港，也不在主要交通干道上，历史上一直是穷乡僻壤。它能够成为中国乃至全世界最大的小商品交易中心，能够在全国百强县竞争力排名中长期高居榜首，能够在竞争中始终保持领先，跟地方政府能够制定清晰的、准确的、与时俱进的发展战略密不可分。

义乌不仅是贸易中心，同时还是小商品生产制造中心。它的核心竞争力不仅是有一个集聚的大市场，而是“贸工联动”，商贸和制造结合起来，即“二三产业联动的小微企业创新体系”，这是义乌小商品城的核心竞争力所在。小商品市场的产品，有 30%来自义乌本地，30%来自浙江省其他地区，30%来自中国其他地区，还有 10%来自国外。义乌的小商品出货量很多都占据了世界该类商品的一半以上，所以“30%”的量是相当大的。我国其他小商品交易市场都很发达，但是最终竞争不过义乌，这是一个很重要的原因。

义乌一开始也只有小商品交易市场，其小商品制造产业体系是政府产业政策培育起来的，具体说就是政府提出“贸工联动”的发展战略，形成义乌发展史上的一次大转型和大升级。“联动”意即制造跟着商贸转，而商贸围着市场需求转。义乌的商贸体系是由 20 多万家规模极小的商家集聚起来的，绝大多数是个体工商户。这些工商户眼睛盯着市场，市场需要什么就卖什么。生产企业的眼睛盯着商户，商户下什么单子就做什么产品。一旦市场需求稍有变化，马上就会通过商户传递到生产企业。这种“联动”的速度非常快，比如第一天有印度的客户告诉某商户最近印度市场比较喜欢带某种花纹的手镯，那么这种花纹的手镯第二天就会被生产出来。更重要的是，一旦这种手镯出现在市场上，第二天几乎所有卖手镯的商户都有这种货了，而且可能在某些细节上还有了新的改进。这种模仿方式，让义乌小商品市场极具活力——它不仅可以提供丰富多样的商品，而且可以以最快的速度创造出客户需要的产品。

这些极小的、数以万计的商户和工业企业联合起来，虽然每一个商业企业都只能提供很少的市场需求信息，每一个工业企业都只能对商品做出很微小的改进，但是彼此之间的信息流通和互相学习，成千上万的企业微创新集合起来，就构成了一个每天都在不断前进、可以应对任何市场需求变化的庞大创新体系。

“二三产业联动的小微企业创新体系”正是政府产业政策导向的精髓，是义乌核心竞争力的内核，实际上表现为一个主导产业带动整条产业链的发展。小商品的销售是义乌的唯一主导产业，而围绕这个主导产业发展起来的小商品生产制造，是主导产业的上游产业链。义乌作为一个县级单位，它的小商品交易主要集中在县城，小商品的生产分布在县城周边的多个镇区，形成了一个小商品生产加工和销售的产业链。这个产业链的空间布局并不受县域空间限制，义乌小商品还会从浙江其他地方乃至全国各地进货，但在县域范围内，这个产业链仍然是十分完整的。

2008 年金融危机以后，整个浙江的经济遭受了比较大的冲击，但义乌的表现仍然抢眼，经济增长在浙江保持了领先地位。实际上这样的外部冲击和挑战，对义乌来说三十多年已遭遇多次。但每一次它都能很快应对，产品的质量、设计、档次、种类、客户对象等，都会很快根据市场需求做出灵活调整。金融危机以后，中国制造的成本上升了，印度、土耳其这些国家的小商品生产成本很低，但是义乌的生产体系几乎同时就进行了调整，对印度、土耳其等国家的出口以半成品、配件为主，让他们买回国去组装，产品利润反而比直接卖给他们成品更高。

对欧美国家的产品出口档次，也随着用工成本的上升而上升，但劳动力成本上升又在义乌制造业的灵活转型中被基本化解。义乌小商品生产和销售间的相互发展，都得益于快速的结构调整，新的利润空间足以消化成本上升。这正是政府倡导的二三产业联动的创新体系的巨大发展空间。

阅读资料3

政府补贴产能过剩的钢铁企业

2000年以来我国钢铁产能迅速扩张，产能过剩成为困扰我国钢铁行业发展和经济结构调整的重大问题。尽管“去产能”多次出现在各级政府产业规划和政策之中，却依然无法阻挡中国钢企的增产意愿。面对转型的高昂成本、潜在的清理成本以及其他环境和劳动成本，部分企业总是寻找各种理由延迟退出。2015年一多半的钢铁行业上市公司亏损，亏损额度从数亿元到数十亿元不等，为数不多利润为正的公司还有一些是通过政府补助弥补了亏损额度，转为账面上的“盈利”。2016年7月，中国人民大学国家发展与战略研究院发布的《中国僵尸企业研究报告》指出，上市公司中钢铁行业的僵尸企业比例最高，达51.43%，而全国范围内钢铁行业的僵尸企业数量达995家，占比15%。僵尸企业作为产能严重过剩且连年亏损企业，已经丧失了产业经济效益的意义。僵尸企业的存在源于我国各省产业政策的僵化性和狭隘的企业保护思维。在供给侧结构性改革的背景下，需要妥善处理政府补助与产能过剩的关系，精准用好政府补助，原则上将政府补助用于有效的供给端，使增加有效供给和化解产能过剩并举，实现要素资源优化配置，提升社会生产力水平。

（三）有利于促进新兴产业的发展

2010年国务院发布《国务院关于加快培育和发展战略性新兴产业的决定》后，各省的产业政策基本上言必称新兴产业，无论数量多少，都先后发布了自己的新兴产业发展政策。毫无疑问，新兴产业是产业转型的领头羊，但其发展的要求也很高。新兴产业政策在不同地区有不同方式，北京依靠高校、科研机构云集，形成发展高新产业的先天优势，产业政策主要是鼓励科技成果转化。杭州的“双创”是以阿里巴巴集团为牵头，形成创新生态圈。贵阳在发展大数据产业时基本不具备任何优势，全靠政府的强力推动，从政策、资金到人才实现全覆盖。深圳从小渔村成长为中国的创新城市，主要依靠市场机制的作用，成就了腾讯、华为和华大基因等全球领先的高科技大型企业。

政府与市场的角色在战略性新兴产业发展的不同阶段会发生转换，呈现互相引导和推动的相互作用关系。这种角色变化，需要政府充分认识市场，将行政手段与经济手段科学配合、有效协调、各取所长，共同促进战略性新兴产业科学发展。

1. 初始期：政府主导产业投入战略，对优势企业进行政策倾斜。

新兴产业缺乏成熟的设备、技术、产品和服务，没有成功的发展经验可借鉴，面临的技术外部环境变化快，也没有成熟的产业链。如果都凭借市场通过充分的竞争去盲目探索，将会造成难以估量的资源浪费及经济损失，何况我国的市场机制建立晚、发育不成熟。这个阶段的战略新兴产业政策制定必须充分考虑行业发展的不确定性，提高企业发展的稳定性和可行性。由于产业初期的竞争规则不是很清晰，竞争对手难以辨别，行业结构可能随时发生变化，现行的市场机制很难达到新兴产业的发展要求。而政府恰好具备培育和完善市场的职能，这就要求在战略性新兴产业的投入期，政府主导优化资源分配，对新兴产业市场中的失灵状态进行纠正，逐步完善市场机制。优惠政策要向市场中具备关键性成功要素的优势企业倾斜。这一方面能够提高产业发展的成功概率，另一方面可以节约投入成本。具备成功关键要素的企业，更容易组织强大的研发团体，更容易激发创新能力来掌握核心技术，即使是走向衰败的传统产业，激活其活力也相对较易，会为新兴产业发展打造坚实的成长基础。因此，在战略性新兴产业的投入期，省级政府应尽可能按照新兴产业发展的规律进行政策引导，同时发挥市场辅助的积极作用。

2. 成长期：企业在市场机制主导下成长，政府发挥服务作用并以宏观调控制约市场恶性竞争。

发展战略性新兴产业的目的是为了不断地满足日益增长的社会需

求、增加有效供给、促进产业高质量发展、增强综合经济国力，这一切主要还是通过市场来实现。当战略性新兴产业步入成长期后，就会自然地进入完全市场竞争状态。有效的市场竞争可以优化资源配置、提高社会生产力，使战略性新兴产业在市场中健康成长。同时，政府的职能也在发挥着积极的作用，例如创造良好的产业成长环境、按照市场经济的要求实施必要的监管、协调产业发展不脱离宏观经济整体布局、制约相同产业在新兴市场中的恶性同质竞争，避免造成市场失灵和资源内耗。尤其是把握好本省战略性新兴产业与其他省的差别化发展，防止产能过剩现象发生。

3. 成熟期：要深化市场竞争和完善政府产业政策。

当昔日的新兴产业经过市场竞争走向产业成熟期后，不能再作为新兴产业而存在，此时，众多的新兴产业趋于成熟，其市场竞争会更加激烈，市场发展中的各种问题都会呈现。而此时的市场与政府，需要以产业发展的实际情况为基础，适时进行角色转换。激烈的市场竞争需要政府进行必要的引导，防止过度和恶性竞争。政府更需要尊重市场经济规律，维护良好的市场环境，依法对市场竞争中的违法行为进行打击，以促使企业在法治公平的条件下合理竞争。同时，政府需要依据新形势对产业政策进行调整，重新制定新的产业目录，重新制定新的鼓励政策，重新制定产业战略规划。

阅读资料 4

深圳数字创意产业引领国家和地方产业政策

深圳是我国改革开放的前沿，也是社会主义市场经济机制发挥得最好的典范。深圳逐渐成为创新资源富集、产业基础深厚的城市，并非靠政府产业政策的牵引，而是产业发展到了相当的程度，得到国家和地方政府的高度认可，使其上升为国家和地方产业政策的重要内容。2016 年数字创意产业首次被纳入国家战略性新兴产业发展规划，深圳的新一轮数字创意产业正向尖端化、跨界化、国际化迈进，已经发展成为驾驭数字技术的创意制造业城市典范。作为我国首个被联合国教科文组织命名为“设计之都”的城市，深圳不仅在全国领先，也成为世界设计之都的核心成员。深圳创新资源富集，产业基础深厚，已经建设起富有创意内容、创新模式和强大创意能力的数字创意产业。深圳的发展实践，对全国数字创意产业都有着示范性的作用，对国家和沿海各省的产业政策具有里程碑的意义。

阅读资料 5

光伏和新能源汽车产业的政府扶持弊端

20 世纪 90 年代初，国家出台了光伏产业的扶持政策，中央财政安排专门资金对符合条件的光电建筑应用示范工程予以补助，还配套了相关财税扶持政策。使光伏产业成为多个省份争相追逐的目标产业，部分省份还出台了相应的配套产业政策予以支持，把我国的光伏产业规模迅速推向一个高度。但是，光伏产业面临的重大技术瓶颈几乎是颠覆性地阻碍其发展，晶硅太阳能的转换效率仅 17%左右，薄膜太阳能只有 10%多一点，使光伏发电成本是火力发电成本的 3 倍以上，基本靠补贴生存。导致这项产业政策彻底出现问题的导火索是欧洲市场因为长期的主权债务危机，使政府不得不取消该补贴，引发了全球光伏市场急剧萎缩。

新能源汽车的发展与相应的产业补贴政策有着极为紧密的关系，新能源汽车的技术瓶颈是电池寿命短、充电时间长。产业优惠政策的目的本来是促进企业加大技术研发，攻克技术难关，但是，优惠政策出台后，导致企业对利润的狭隘追求，不搞技术攻关而搞政府公关，政府的产业补贴政策反而使竞争内容发生了改变，不去追求突破技术瓶颈，而是看谁的补贴多，使产业补贴政策反而成为阻碍技术发展的因素。在一些对新能源车不限号的城市，甚至出现了购买新能源车改装成汽油车的现象，造成对环境的更大污染。

（四）有利于促进本省及毗邻地区产业结构不断优化

从古到今，产业始终存在着升级的需求，因为需求是随着人们收入提高而变化的，这是常态。近年来我国经济增速持续下行，其中既有常态性因素，也有周期性和趋势性因素，还有国际贸易单边主义抬头、西方一些国家在贸易上的霸凌主义等因素。这种背景就给各省（区、市）的产业政策提出了新的要求。面对过去长期支撑经济增长的劳动密集型制造业和资源型重工业已经失去活力的现状，产业政策迫切需要培养和发展具有世界竞争力的先进制造业和现代服务业，迫切需要在新技术革命的大背景下，始终保持产业结构的不断优化，质量不断提升，保持经济的可持续发展。所以，新时代的省级产业政策一方面是使失去竞争力的传统产业转型、升级或退出，另一方面是使新兴产业更快地形成并发展。同时，由于我国各省界线犬牙交错，行政区划与经济联系和主体功能并不相关，在很大程度上影响了省域经济的发展。这就客观上要求各省的产业政策应该既注意本省的发展，还必须从区域经济发展的角度顾及毗邻省的协调发展。

阅读资料6

毗邻地区产业政策接轨上海的发展实践

二十世纪七八十年代，上海毗邻地区与上海的合作更多是企业自发行为，例如苏南、浙北地区的一些乡镇企业，为解决生产技术、市场销售等方面的问题，在当时体制、机制不顺畅的情况下，从上海大中型企业、高校等聘请“星期日工程师”，来解决技术难题，以提高自身生产水平。20世纪90年代，随着改革开放的逐步深化和上海浦东大开发的良好机遇，上海开始朝着市场与政府双重推动的方向迈进。毗邻各省开始出台的产业政策，瞄准上海一些产业既作为引资的重要对象，又主动形成配套产业，以促进本地区经济发展，也同时造就了长三角区域一体化的完善，区域间合作开始进入新时期，与上海的协作配套逐步转向全方位、宽领域、深层次的全面产业接轨阶段。回顾“十一五”规划出台以来的接轨上海产业政策的发展，从中看出毗邻各省与上海的产业合作从利用其开放外向型经济逐步向融合实现产业共同发展演变。同时由于各地发展阶段不同、融合发展的程度和基础条件不同，在产业政策发展思路上也有所不同。

平湖 1990 年确立“接轨上海、开发乍浦”的产业战略；“十五”计划提出要主动融入上海产业发展的各个领域、接受上海辐射，为上海产业配套；“十一五”规划提出全力打造浙江省接轨上海产业扩大开放前沿阵地；“十二五”规划将“与沪同城”列为平湖产业发展的首位战略。

昆山 1990 年紧紧抓住浦东开发机遇，积极主动地对接上海的产业；“十一五”规划提出加大“服务上海、融入上海”产业发展思路，利用世博会努力争取实现“展览在上海、休闲在昆山”的配套休闲服务业；“十二五”规划在全省产业发展上提出“融入上海、面向世界、服务江苏”的总定位。

太仓 1990 年开始利用上海提升开放性经济，发展自己的产业；2003 年明确提出了产业发展必须接轨上海产业发展的战略；“十一五”规划将接轨上海上升为重要战略，遵循“学习上海、依托上海、服务上海、接轨上海”的产业政策方针；“十二五”规划进一步明确了接轨上海发展战略，强调规划、产业、社会领域等各方面与上海对接。

吴江 1990 年开始对接上海发展外向型经济产业；“十一五”规划提出吴江的产业要积极做好接受长三角龙头上海辐射的大文章；“十二五”规划提出沿沪功能片区的产业发展要无缝接轨上海，努力成为上海后花园。

海门 1990 年提出“接轨上海、发展海门”；“十五”计划将“接轨上海”写入指导思想，提出加速完善接轨载体、全面实施产业接轨的发展思路；“十二五”规划提出建设“上海港北翼组合中心港”的目标，发挥江海港口优势，加强与上海的产业融合。

启东 1990年配合上海开发外向型产业经济；“十一五”规划明确将“面向上海大接轨”作为产业发展战略总体发展思路；“十二五”规划又提出“江海联动、桥港互动、融入上海、走向世界”的发展战略，推进制造业、服务业、社会事业、要素市场与上海接轨。

嘉善 1990年成立嘉善·浦东金桥联合开发区，明确提出接轨上海产业发展战略；“十一五”规划中将“加强以接轨上海为重点的区域合作与竞争”列为发展原则，加强与上海产业的融合发展；“十二五”规划把“融入上海”作为首要发展战略，强化产业的科学发展。

随着长江经济带建设和“一带一路”倡议的实施，长三角跨区域合作不断升温。从战略口号看，接轨上海已成为毗邻地区发展的重要战略之一。与以往相比，“十三五”期间各地接轨上海强调依托本地自然条件和经济基础，侧重全方位接轨、实现融合发展；从目标设置和具体内容看，重点围绕学习和引进上海先进产业技术、管理经验和公共服务，主动服务上海，甘当配角，不断提高各地区与上海的多方面融合水平。

如平湖的政策目标和具体内容就定位于上海的高端制造业配套基地、上海全球科技创新中心产业化基地、上海休闲旅游重要目的地、上海市场农产品重要供应基地和上海公共资源服务合作基地。昆山提出全面对接上海经济、金融、贸易、航运“四大中心”及全球科创中心建设，积极从基础设施、开放创新、产业提升、城市发展等方面与上海实现深度一体化。太仓的重点是推进理念、规划、产业、要素、平台、交通、社会事业等方面的深度融合对接，主动参与和服务上海“五大中心”建设，不断放大与上海的同城效应。吴江则以借上海之势，学习上海在投资、贸易、金融等领域的创新举措，以及相关配套制度改革等方面的成功经验；充分吸纳来自上海的产业转移、产业合作；借力上海具有全球影响力的科创中心建设。海门是通过跨江融合接轨上海，全面实施交通基础设施、产业转型、载体共建等五大对接工程；打造上海高端制造业配套基地、上海科技创新产业化基地等五大基地。启东是参与联动和服务上海，目标是全市20%的工业产品配套上海，40%的农产品供应上海，60%的游客来自上海，80%的投资源自上海。嘉善要全方位深化接轨上海，提出建设沪浙毗邻地区一体化发展示范区、创业创新的现代化临沪新域、开放合作前沿阵地；把握大上海都市经济圈的战略机遇，积极探索跨区域产业合作发展的新模式。

总体来看，毗邻地区在接轨上海产业战略的引领下，具有以下几个特点：一是以产业为导向，但已经开始突破单纯的产业范畴，而是从产业到人文、从项目到政策、从单一到全面，突出以融合促发展的现代理念。二是逐步尝试突破行政界限的束缚，通过多方面共建合作平台等方式共享产业经济发展成果。三是在体制机制上的相互协调，从产业链出发，以产业链条为纽带，实行体制机制的改革联动，逐步解决发展中的深层次问题。

（五）有利于培育具有核心竞争力的优秀企业

衡量省级产业政策的成功与否，核心并不在于GDP的高低，而在于促进该地区经济的发展能否充分满足人民对幸福生活的追求。人民安居乐业需要良好的生活环境和充分的就业机会，就区域而言，需要该区域有一大批茁壮成长的企业，而且必须要有一批具有核心竞争力的优势企业，由这批优势企业为龙头形成的产业链可以带动区域内各类企业发展，同时充分提供和不断增加就业岗位，从而提高居民的收入水平。这才是我们发展的目的，一个省域企业尤其是优势企业发展的好坏，是省级产业政策是否成功的一个重要标志。

1. 培育优势企业是省级产业政策的最基本要求。

政府的职能改革要求政府退出对微观经济的直接干预，但这并不意味着政府无所作为。在深化改革中，既要发挥市场在资源配置中的决定性作用，也要充分发挥政府的职能作用。在一般情况下，后者主要是为前者服务的，更重要的是政府要在权责范围内履行自己的职能，通过培育逐渐完善的市场经济体系、维护良好的市场环境和秩序、培育市场主体、维护公平正义以及提供基础性服务来促进省域经济的发展。在这些职能中，有一项是根本性的，即培育市场主体，特别是培养出有较强竞争优势的大企业。任何一个省级产业政策的基本目标，就是培育出大型优势企业，并依靠他们来带动整体产业的转型升级和高质量发展。这也是地方政府职能转型成功的标志之一。什么是政府职能转型成功？参考世界500强企业的产生土壤，大都是市场经济发展良好的国家和地区，因为只有在市场经济发展完善的国家，竞争作用才得以充分体现，资源具备有效配置的条件。市场经济制度越完善，竞争就越合理越激烈。激烈的竞争不是资源的内耗，而是优胜劣汰，这就形成了培育具有核心竞争力的强大企业的土壤。这也是为什么大型的跨国公司会率先出现在欧美等发达国家，因为企业的国际竞争力也是国内竞争力在国际上的延伸，本质上也体现了国内竞争的激烈程度。因此，强大的优势企业正是完善的市场经济“土壤”长出的“参天大树”，同时企业的发展也能较好地衡量市场经济的完善程度。正因为如此，有些省级产业政策将培育世界级优秀企业作为一个衡量目标，其本质是通过产业政策处理好市场与政府的关系。

2. 培育企业竞争优势能整体提升区域竞争力。

迈克尔·波特在《国家竞争优势》一书中提出了国家竞争优势的钻石理论模型，模型分析了一个国家的某种产业为什么在国际上具有较强的竞争力。在论述政府在钻石体系中的作用的时候，波特指出竞争优势的创造最终体现在企业上，政府所要做到的是为企业发展创造良好的环境，维持良好的市场秩序。以人民为中心的理念就是要使广大人民群众有水平质量不断提升的获得感和幸福感。地方政府要实现这一目标，最根本的就是要发展经济，同时要保持发展的可持续性，因此就必须提高区域的综合竞争能力，提高区域内支柱产业的竞争力。这种竞争力往往是由一批高水平的大型企业引领的，一个区域的竞争优势也体现为该区域内企业的竞争优势，如果一个区域有足够数量的具有核心竞争力的优势企业，那么该区域竞争力就会得到极大的提高。

3. 省级产业政策只有培育成功的企业才有创新驱动的基础。

无论是提高区域经济的持续增长能力还是提高区域的竞争力，技术创新都是最重要的推动力量。经济发展历史告诉我们，技术进步的重要源泉是企业创新。约瑟夫·熊彼特创新理论提出了产品、生产技术、市场开辟、资源开发以及组织管理的五大创新体系。省级产业政策的一个核心任务正是培育这样一批创新的主体企业，为省域经济发展创新奠定良好的基础。因为无论是产品、技术、市场还是资源、组织管理都必须依托企业主体，离开了这个主体，创新就成为无源之水、无本之木。但是，必须是优秀的企业才能完成这种创新，如果一个省的产业政策只是在产品或者行业上做文章，不通过政策培育出一批优秀企业，那么即便建立起行业、生产出产品，但由于缺乏创新能力，这些行业和产品也是不能持续发展的。创新能力是依附于创新主体的，只有强大的优势企业才能做到这一切。所以，省级产业政策培育出创新的主体，也就为创新驱动型经济创造了基础。

阅读资料 7

中国500强企业分布情况

在2019年中国企业500强中，西藏、海南仍然没有企业入围，内地其他29个省（区、市）都有企业入围，500强企业的省级区域分布与经济发达程度某种程度上趋于一致。2019年，中国企业500强中，北京地区的企业有100家；第二梯队（入围企业数量在30家以上的省级区域）包括广东、山东、江苏、浙江、上海5个省市，共有230家企业入围；第三梯队（入围企业数量在10～30家的省级区域），包括河北、四川、重庆、福建、安徽、河北等6个省市，共有84家企业入围；第四梯队（入围企业数量在9家及以下的省级区域），包括河南等17个省级区域，共有86家企业入围。

北京是央企总部最为集中的地方，而东部沿海地区入围企业则以民营企业为主。2019 年中国企业 500 强中，金融央企与非金融央企合计有 83 家，其中有 65 家的总部集聚在北京，再加上北京市属的 18 家地方国企，国有企业一共有 83 家，占北京入围 2019 年中国企业 500 强 100 家企业的 83%。即使是不考虑中央企业，北京入围企业中地方国企的数量也比民营企业多 1 家。而在河北、山东、江苏、浙江、广东这些东部沿海经济发达地区，民营经济高度繁荣，民营企业得到很好发展，所以其当地入围者多数都是民营企业。如江苏的 49 家企业中，有 43 家是民营企业；山东的 50 家企业中，有 37 家是民营企业。此外，东北地区的辽宁 9 家入围企业中，也有 6 家是民营企业，占全部入围企业的 2/3（见图 3-1）。

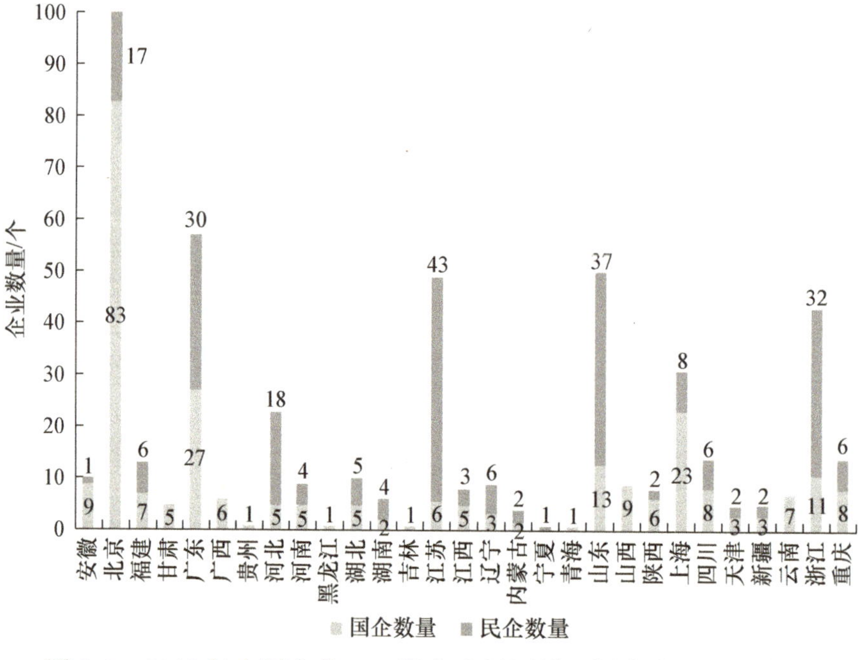

图 3-1　2019 年中国企业 500 强各省级区域入围企业所有制分布

第二节　“九五”时期以来苏沪渝产业政策特点分析

制定五年规划（计划）来推动经济社会发展是我国各省建设和发

展的重要手段。新中国成立以来，国家和各省（区、市）以五年规划（计划）为顶层蓝图，逐渐把我国建设成为一个社会主义大国，国家和各省（区、市）在走向富起来到强起来的发展过程中，五年规划（计划）的编制和实施发挥了重要作用。由于区域的差异，我们选择了苏沪渝三省市，对其“九五”以来的产业政策及产业发展进行了比较分析。

一、“九五”期间产业注重规模化和增长方式的转变

经过改革开放以来经济高速增长的量变积累，到 1996 年我国经济已出现质的变化，告别了“短缺经济”，对外开放水平和国际化水平已经达到了相当的高度。政府规划的环境相应发生变化，加之 1997 年发生亚洲金融危机，我国政府开始重视国内需求政策，启动了教育、医疗和住房三项改革。“九五”计划在继续加大我国产业发展规模的同时，首次提出了实现体制和经济增长方式的根本性转变，在产业发展上，对产业结构的优化问题开始关注，着力加强第一产业，调整和提高第二产业，积极发展第三产业。强调通过市场机制和国家宏观调控的作用，重点加强农业、水利、能源、交通、通信、科技、教育等领域。强调在加强基础产业和基础设施建设的同时，振兴支柱产业，培育高技术产业，促进和带动国民经济全面发展。“九五”计划所提出的这些产业发展方向和基本要求，对各省在规划中提出相应的产业发展要求起到了极其重要的指导作用。

（一）江苏省：坚持 GDP 增速高于全国平均增速

邓小平同志曾经提出“江苏应该比全国平均速度快”的要求，这是比较契合江苏发展实际情况的。“八五”期间，江苏各项改革取得了重大进展，国民经济呈现出持续、快速、健康发展的好势头。但也存在一些问题，尤其在产业发展上“高投入、高消耗、低效益”，农业基础比较薄弱，工业组织化程度和技术装备水平不高，长期存在的规模偏小、结构雷同的状况没有根本改变，工业增加值率、产销率、资金利税率均低于全国平均水平，第三产业相对滞后，在地区生产总值中

的比重偏低，仍低于全国平均水平。在这样的大背景下，江苏省“九五”计划提出“加快经济体制和经济增长方式的转变，推动全省经济发展和社会全面进步”，全面实现现代化建设的第二步战略目标，到20世纪末全省全面实现小康，部分地区初步实现现代化，为2010年全省基本实现现代化打下良好的物质基础和经济体制基础。

针对存在的问题，江苏“九五”的产业发展规划是要转变经济增长方式，走快速高效的集约型发展之路，以提高规模效益和集约经营水平为重点，优化和提高第二产业，逐步形成以机械、电子、化工、汽车、建筑业为支柱，高新技术为依托，规模经济为特征，外向型、集约化的新格局。着力培植生物、海洋、医药、环保等新兴产业，选择“有限目标”，重点突破在全国处于领先地位、市场前景广阔的高科技新兴产品。第三产业要重点发展商品流通业，加快发展旅游业、信息、咨询、技术服务等新兴行业，规范发展金融、保险业，积极引导房地产业健康发展。

实践证明，江苏省“九五”计划确定的目标是符合实际情况的，计划执行结果成效显著，全省总体上达到以县为单位全面实现小康的目标，苏南及沿江部分地区已提前向第三步战略目标迈进。地区生产总值年均增长11.2%，高于全国平均水平。产业发展和调整取得积极成果，三次产业增加值结构调整完成预期目标，一批重点产业加快发展壮大，所有产业计划目标均提前或全面完成。

（二）重庆市：设立直辖市并提出较高的发展目标

1997年设立重庆直辖市，中央提出“进一步发挥重庆的区位优势、龙头作用、窗口作用和辐射作用，带动西南地区和长江上游的经济、社会发展，这是迈向21世纪的重庆肩负的历史使命”。重庆进入了一个新的发展时期，面临着难得的历史性机遇，重庆调整了在直辖前制定的“九五”计划，较大幅度地提高了经济增长速度，同时提出了建设以三峡库区为核心的长江上游新兴产业带，与上海浦东产业群相呼应，将加快形成长江沿江产业带。

在产业发展上，重庆主城区建设成为长江上游的商贸中心、金融中心、科教文化信息中心，交通枢纽、通信枢纽，高新技术产业基地。产业结构战略性调整的目标是加快农业产业化和优质农产品生产基地建设；发展壮大以汽车摩托车为主体的机械工业、以天然气化工和医药化工为重点的化学工业、以优质钢材和优质铝材为代表的冶金工业三大现有支柱产业；加快发展高新技术产业；培育成为21世纪初的支柱产业；大力发展第三产业；逐步形成以三峡库区为核心的长江上游新兴产业群，加速产业结构高级化和现代化进程。

“九五”时期重庆市尽管有设立直辖市、库区开发、实施西部大开发战略等重大机遇，但是也同时存在百万移民的艰巨任务，加之东南亚金融危机等诸多变数的影响，实际计划执行结果与计划目标有一定差距，如地区生产总值计划年均增长11%，实际增长9.4%，计划2000年达到2 220亿元，而实际仅完成目标的81%。三次产业发展也未达到计划目标。但在“九五”时期重庆集中力量加快了一批基础设施建设，瓶颈制约有所缓解，一期移民全面完成，二期移民顺利推进，城市形象明显提升。

（三）上海市：提出产业战略性结构调整

上海一直是我国重要的工业基地，又是长江三角洲地区的领头羊，在浦东开发开放的背景下，上海“八五”时期实现了邓小平同志提出的“一年变个样、三年大变样”的奋斗目标。但在改革开放发展的新环境下，国家对上海赋予了新的期望和要求，上海“九五”计划提出了以“加快实现经济体制和经济增长方式两大根本性转变”作为发展的主线。为把上海建成国际经济、金融、贸易中心之一、初步确立国际经济中心城市的地位奠定基础。

“九五”时期上海的产业发展是一个重头戏，提出的目标是进一步加强产业结构及各产业内部结构战略性调整的力度，促进产业结构向合理化、高级化和现代化发展，加快发展第三产业，不断壮大工业支柱产业，培育新的支柱产业，调整改造传统产业，探索发展都市型农业，形成第三产业和第二产业共同发展的格局，初步完成阶段性产业结构的战略性调整。尤为重要的是计划前瞻性地提出了着眼于21世纪，加快高新技术产业化，重点培育集成电路与计算机、现代生物技术与新医药、新材料三大产业，形成上海新的支柱产业。面向经济主战场，促进科技经济一体化，在若干重要领域达到世界高新技术及产业化发展的领先地位，使上海成为国家高新技术产业基地、研究开发基地和人才培养基地。

“九五”时期上海地区生产总值年均增长11.4%，支柱产业占地区生产总值比重超过50%，第三产业占地区生产总值的比重超过50%，经济中心城市功能日益显现。在产业战略性结构性调整方面，以信息产业为代表高新技术产业迅速崛起，占工业总产值的比重达到20.6%。更具有战略性意义的是，一系列的政策措施和体制机制初步形成，为战略性结构调整的可持续发展奠定了良好的基础。

二、“十五”期间产业以结构战略性调整为主线

“十五”计划是迈入新世纪的第一个五年计划，计划确立的主要任务是继续推进经济增长方式的转变，充分发挥市场机制的作用，按照发展社会主义市场经济的需要，确立以经济结构的战略性调整为主线，以发展为主体，结构调整、改革开放和科技进步为动力。在这样的背景下，三省市在计划中所体现的产业发展政策呈现如下特征。

（一）江苏省：以结构调整推动经济大省向经济强省转变

“十五”时期是江苏省全面建设宽裕型小康社会，为率先基本实现现代化奠定坚实基础的关键时期。江苏省经济发展进入以提高效益为中心、经济结构进入加快优化升级、经济体制改革进入攻坚决战、对外开放进入全面融入世界经济的新阶段。但同时发展中还存在一些问题：部分国有企业经营机制转换不快、所有制结构不够合理、阻碍生产力发展的体制性因素仍较突出；高新技术产业比重偏低，产业层次和集中度不高，企业整体竞争能力不强；城市化滞后于工业化，地区之间经济发展的不平衡性加大。所有这些问题都集中体现在结构性的问题上，所以，“十五”时期江苏省把结构调整作为主线展开，同时结合加快发展的主题，将改革开放和科技进步作为推动力，初步实现由

经济大省向经济强省的转变。

“十五”时期江苏省的产业发展目标也是紧紧围绕结构调整展开的。当时，江苏省的工业经济效益综合指数已经超过全国平均水平，资本产出率和全员劳动生产率居全国各省区前列，信息化综合指数居全国前列。尽管如此，他们坚持在优化工业结构上下功夫，提出大力发展高新技术产业，优先发展江苏省具有比较优势的电子信息、生物工程和新医药、新材料产业。引导传统产业向深加工、精加工、高附加值和低消耗方向发展，保持江苏制造业在全国的领先地位。同时，坚决关停产品质量低劣、浪费资源、污染严重、不具备安全生产条件的厂矿企业，淘汰落后设备、技术和工艺，压缩过剩生产能力，使资源向着有利于结构优化的产业倾斜。

“十五”期间，江苏省的结构调整取得了很好的成绩，三次产业增加值结构中的第二产业比重大幅度提升，其中高新技术产业产值占规模以上工业总产值的比重达到 24.3%，对外经济合作保持全国领先，区域结构更加合理，沿江、沿沪宁线、沿东陇海线、沿海产业结构布局主体框架初步形成。

（二）重庆市：在做大经济总量的同时注重结构问题

进入“十五”时期，重庆的经济总量仍然偏小，经济增长基础薄弱，经济运行质量和效益不高；产业结构不合理，非公有制经济比重低，城镇化水平低，区域发展不协调等问题已经成为制约经济发展的突出矛盾。针对这些问题，重庆在“十五”计划中提出的总体目标还是把国民经济增长速度高于全国平均水平放在第一位，同时也提出了以结构调整作为“十五”计划的主线，在经济结构调整中保持快速发展，推动经济体制和经济增长方式的根本性转变，提高国民经济整体素质和综合竞争力。

“十五”计划中的结构性主线具体体现在：产业发展的结构战略性调整取得成效、综合竞争力增强、高新技术产品产值占工业总产值比重提高、经济和社会信息化显著提高。处理好发展高新技术产业与改造提升传统产业的关系、发展技术资金密集型产业与发展劳动密集型产业的关系、建设都市发达经济圈与渝西经济走廊及三峡库区生态经济区的关系。集中力量发展五大支柱产业，壮大提升汽车摩托车、化工医药两大现有支柱产业，加快培育食品、建筑建材、旅游三大新兴支柱产业。重点培育信息工程、生物工程和环保工程三大高新技术先导产业，使之成为计划期末的主导产业。

“十五”计划推动重庆经济社会发展取得了巨大成就，围绕发展主题和结构调整主线，全面完成了计划确定的主要任务，经济总量、质量、效益同步提高，地区生产总值基本上翻了一番，年均增速11.1%，三次产业增加值结构进一步优化，第二产业得到长足性发展，规模以上工业企业实现利润总额翻了两番多，北部新区和特色工业园区正在成为新的经济增长极。

（三）上海市：以调整优化经济结构增强城市综合竞争力

迈入新世纪上海市已经发生了历史性变化，努力克服了亚洲金融危机和国内有效需求不足带来的困难。同时也面临着一些突出矛盾和问题，其中产业结构优化升级和所有制结构调整任务繁重，经济社会可持续发展能力亟待提高。在此背景下，上海“十五”计划提出要增强城市综合竞争力，以“调整优化经济结构，不断提高城市的信息化、市场化、法治化水平，发挥国际大都市的综合优势，增强城市的综合竞争力”作为奋斗目标。增强综合经济实力、综合服务功能、综合发展环境、综合创新能力、综合管理水平、市民综合素质六大综合竞争力。

“十五”计划坚持且深化了既定的产业结构调整主基调，首次提出第三产业的产值到2005年要达到地区生产总值的55%，并提出信息、金融、商贸、汽车、成套设备、房地产六大支撑产业的产值占地区生产总值的比重应达到55%～60%；积极发展新兴产业，培育经济新增长点，加快高科技产业化，着力推动技术、管理和机制创新，积极培育生物医药、新材料、环境保护、现代物流四大新兴产业。

“十五”期间上海城市综合竞争力显著增强，国际影响力明显提升。在结构调整上，坚持“三二一”产业发展方针，坚持二三产业共同推动经济发展，优先发展现代服务业，优先发展先进制造业，加快生产型经济向服务型经济转变。产业布局进一步优化，中心城区服务业规模不断扩大，第三产业增加值比重达到 50.5%，以信息化为基础，以金融业、现代物流业为重点，加快推进旅游业、会展业发展。先进制造业在上海郊区集聚发展，产业基地建设成效明显，郊区已成为先进制造业发展的重要基地，2005 年全市工业总产值中郊区的比重超过 80%。培育壮大船舶、航天、航空等战略产业。积极推进现代生物医药、新能源、新材料、光电子等新兴产业发展。调整优化经济结构增强城市综合竞争力取得了明显的成效。

三、"十一五"期间产业强调走新型工业化道路

"十一五"时期我国将五年"计划"改为"规划"，表明在宏观经济运行方面开始由政府主导向市场主导的转变。"十一五"时期经济发展的主要任务，在继续强调推进经济结构调整和经济增长方式转变的同时，特别提出要突出抓好三个方面。一是切实走新型工业化道路，加快产业结构优化升级。坚持以信息化带动工业化，以工业化促进信息化。大力发展高新技术产业，加快发展先进制造业和现代服务业，加强基础产业和基础设施建设。二是发展规模经济，实现规模效益。三是加快建设资源节约型、环境友好型社会。在这三个方面，走新型工业化道路是最重要的工作。

（一）江苏省：以质量强省建设推进新型工业化

"十五"期间江苏省的发展为向着更高的目标迈进打下了的良好基础，结合省情江苏提出经济社会发展将迈入工业化、城市化、国际化、市场化互动并进的新阶段。而其中的工业化就按照新型工业化道路去推进。"十一五"期间，江苏省紧紧围绕富民强省和"两个率先"的目标，即率先全面建成小康社会，率先基本实现现代化。江苏是我国省级最早提出基本实现现代化的省份，在时间上定位到 2010 年左右，有条件的地方率先向基本实现现代化迈进。

"十一五"规划江苏省的产业发展目标特别注重质量领先，所以在

坚持走新型工业化道路方面，提出的措施非常具体，如自主创新能力明显增强、掌握一批核心技术、拥有一批自主知识产权、造就一批具有国际竞争力的企业、经济增长方式实现较大转变、资源利用效率显著提高等。推进产业全面优化升级，通过专业化和深加工，不断提高附加值率，形成以高新技术为主导、先进制造业为主体的新型工业化发展新格局。

“十一五”规划确定的主要目标圆满完成，地区生产总值年均增长13.5%，服务业占地区生产总值比重超过40%。在推进新型工业化方面更是硕果累累，高新技术产业产值占规模以上工业产值比重达到33%，新兴产业成为新的经济增长点，江苏在长江三角洲的地位不断提升。

（二）重庆市：在打好基础的同时推进新型工业化

“十一五”时期对于重庆来讲，还处于“打基础、建平台、增后劲”的时期，西部大开发战略进入基础设施建设和特色产业发展并重的新阶段，新型工业化的推进在重庆具有一定的外部条件。但从总体上看，重庆的工业支撑单一，产业技术水平不高，粗放型增长方式尚待转变，科技发展水平较低，科技成果转化率低，与转变经济增长方式、实现产业结构升级的要求不相适应。在这种情况下，“十一五”时期要推进新型工业化，必须在完成中央交办的“四件大事”① 取得新进展的前提下来考虑。所以，新型工业化的核心任务主要还是集中在主城区域，同时发展库区特色产业。主城核心区“退二进三”总体调整到位，产业新格局大体形成，老工业基地焕发活力，基本建成长江上游经济中心。

重庆“十一五”规划在产业发展上的思路是，把结构调整作为经济发展的主线，加快发展现代农业，推进新型工业化，重点是工业技术进步和产业产品升级，更多依靠产业结构优化升级推动经济增长和社会进步。北部新区、高新技术产业开发区、经济技术开发区、长寿

① 编者注：“四件大事”即扶贫攻坚、三峡库区移民、国企改革、生态建设。

化工园区、西永微电子工业园和特色工业园区为主体的园区强力推动新型工业化。以汽车摩托车、装备制造、资源加工、高技术四大重点产业为抓手，基本建成长江上游现代产业基地。

“十一五”时期是重庆发展机遇比较集中的五年，胡锦涛总书记的“314”总体部署、发布《国务院关于推进重庆市统筹城乡改革和发展的若干意见》（国发〔2009〕3 号）、建设全国统筹城乡综合配套改革试验区、设立两江新区等，创造了重庆高速发展的极好机遇，有效抑制了经济运行中的不稳定和不健康因素，提前实现了“十一五”规划确定的主要目标，地区生产总值达到年均增长 15.1%，人均地区生产总值赶上全国平均水平，产业结构调整实现“三二一”的标志性转变。主城和开发园区的新型工业化强力推进，工业总产值突破万亿元，电子信息和现代制造业突飞猛进，现代产业高地快速崛起。老工业基地焕发生机活力，内陆开放高地快速崛起。

（三）上海市：增强城市国际竞争力

上海是我国最大的工业基地，“十一五”时期，我国成功加入 WTO 后，如何积极融入经济全球化的大格局中，对上海来说是一个必须紧紧抓住并且可以大有作为的重要战略机遇期。上海新型工业化更多地体现在全面融入经济全球化，在参与国际合作与竞争中实现跨越式发展。要实现这样的目标，上海存在不少困难和问题，如人口、资源、环境、基础设施等约束突出，自主创新能力有待进一步提高，促进经济、社会和城乡协调发展的任务艰巨等。这样的背景促使上海“十一五”规划在提出快速推动新型工业化时，确立了增强城市国际竞争力的主线，形成国际经济、金融、贸易、航运中心的基本框架，把取得社会主义现代化国际大都市建设的阶段性进展作为奋斗目标。

由于上海特殊的市情，在产业发展上，现代服务业占据着重要的位置，所以“十一五”规划提出按照形成服务经济为主的产业结构方向，优先发展现代服务业。在新型工业化方面主要是优先发展先进制造业，以提升自主创新能力为核心，依托大产业、大项目和大基地建设，运用新技术、新装备、新工艺提升制造业水平，促进产业集群化发展，实现从发展中调整向发展中提高的转变。同时，强调积极培育生物医药、新能源、新材料、船舶制造、航空航天等战略产业。上海推进新型工业化非常注重自主创新能力的提高，认为“增强城市国际竞争力，核心是增强城市的创新能力”，通过加快建立以企业为主体、市场为导向、产学研相结合的技术创新体系，大力提高原始创新、集成创新和引进消化吸收再创新能力，逐步形成以知识创新为基础、技术创新为重点、制度创新为保障、科技中介服务为纽带的创新体系，使新型工业化建立在自主创新的坚实基础上。

到“十一五”期末，规划确定的主要目标和任务胜利完成，地区生产总值年均增长约11%，人均地区生产总值达到1.18万美元左右。第三产业增加值比重达到57%，高技术产业产值占工业总产值比重达到23.2%，全社会研发经费支出占全市地区生产总值比例达到2.8%以上，领先全国水平，为新型工业化始终处于全国领先地位奠定了坚实的基础。

四、“十二五”期间产业调整突出科学发展

我国“十二五”规划建议突出科学发展主题，加快转变经济发展方式主线。建议提出五个方面的基本要求，其中在产业发展上首次提出发展现代产业体系，提高产业核心竞争力。这个概念体现了产业发展的现代化方向，核心是现代工业、现代服务和现代农业互相融合、协调发展，是科学发展在产业调整上的具体体现。“十二五”规划突出科学发展，就是要坚持走中国特色新型工业化道路，发展结构优化、技术先进、清洁安全、附加值高、吸纳就业能力强的现代产业体系。为此，要改造提升制造业，培育发展战略性新兴产业，加快发展服务业，加强现代能源产业和综合运输体系建设，全面提高信息化水平，推动信息化和工业化深度融合。

（一）江苏省：以科学发展建设美好江苏

我国的长三角地区在“十二五”初期，发展的步伐明显加快，江苏省提出由全面建成小康社会向基本实现现代化迈进。但是按照现代

化的内在要求，经济社会发展不平衡、不协调和不可持续问题在江苏还是比较突出，经济增长粗放的状况尚未完全改变，科技创新能力不强，资源环境约束加剧等问题依然存在。因此，在“十二五”规划中，江苏确立了以推动科学发展、建设美好江苏为主题，加快转变经济发展方式、实现创新驱动发展的重大战略任务。在“十二五”规划中，江苏对“两个率先”赋予了新特点、新内涵和新标准，那就是“争科学发展之先，创社会和谐之优，立改革创新之首，建幸福美满之省”。科学发展具体到江苏“十二五”规划，就是更加注重提高经济增长的质量和效益，更加注重以人为本、改善民生，更加注重改善生态环境，更加注重增强发展的全面性、协调性、可持续性，促进社会公平正义和社会和谐稳定。在这样的科学发展大格局下，提出江苏“十二五”经济社会发展的总体目标是全省综合经济实力、自主创新能力、国际竞争力和可持续发展能力显著增强，全面建成更高水平的小康社会。

围绕科学发展主题，江苏“十二五”规划的产业发展目标是经济发展质量和效益明显提升，着力构建现代产业体系，适应国内外消费升级变化和科技进步新趋势，坚持走新型工业化道路，大力推进产业结构战略性调整，构建以高新技术产业为主导、服务经济为主体、先进制造业为支撑、现代农业为基础，结构优化、技术先进、清洁安全、附加值高、吸纳就业能力强的现代产业体系。重点发展新能源、新材料、生物技术和新医药、节能环保、软件和服务外包、物联网和新一代信息技术等六大新兴产业，同时大力发展高端装备制造、光电、智能电网等新兴产业，形成江苏经济新支柱产业和重要增长点。同时规划首次把“科技创新”放在“现代产业”前面着重发展，把“率先基本建成创新型省份”作为首要任务，加快科技强省建设步伐，大力提高自主创新能力。

“十二五”规划实施的结果充分说明，科学发展使“十二五”时期成为江苏综合实力提升最快、转型发展进展最大、人民群众得到实惠最多的时期之一。到 2015 年，经济总量连跨三个万亿元台阶，超过 7 万亿元，年均增长 9.6%；产业结构调整实现“三二一”的标志性转变，第三产业比重超过48%；高新技术产业产值占规模以上工业比重达到40.1%；创新型省份建设迈出重要步伐，区域创新能力连续7年位居全国第一，研发经费支出占地区生产总值的比重由2.07%提升至2.55%。

（二）重庆市：科学发展努力建设国家先进制造业基地

重庆作为一个年轻的直辖市在“十一五”期间得到了较好的发展，直辖优势进一步释放，在西部大开发中的特殊战略地位明显，经济社会发展基础进一步夯实。但是经济发展水平和质量不高，产业结构不优，自主创新能力不强，现代服务业和战略性新兴产业发展不足；对外开放的区域竞争加剧，城乡和区域发展不平衡，革命老区、民族地区、贫困地区、三峡库区发展困难较多；三峡库区等敏感区域环境约束紧。“十二五”规划提出以科学发展为主题，以加快转变经济发展方式为主线，基本建成西部地区的重要增长极、长江上游地区的经济中心和城乡统筹发展的直辖市，在西部地区率先实现全面建设小康社会目标，使重庆成为特色鲜明的国家中心城市和居民幸福感最强的地区之一。

重庆“十二五”规划的产业发展方向是，加强农业基础地位，提升工业核心竞争力，培育战略性新兴产业，加快发展现代服务业，促进经济增长向依靠三次产业协同带动转变。着力推动城乡、区域结构调整，促进协调发展。特别是结合重庆作为国家老工业基地这一市情，鲜明地提出要通过科学发展，努力建设国家重要的先进制造业基地，推动产业高端化、高质化、高新化发展，改造提升传统优势产业，提高自主创新能力和培育自出品牌，提升产业整体竞争力。加快发展以信息产业为主要支柱的战略性新兴产业，集中打造通信设备、高性能集成电路、节能与新能源汽车、轨道交通装备、环保装备、风电装备及系统、光源设备、新材料、仪器仪表、生物医药十大重点产业集群，建成万亿元级国家重要的战略性新兴产业高地。

“十二五”规划执行的结果可以用“发展势头好、城乡面貌变化大、人民群众实惠多”来概括，五年中紧紧围绕“科学发展、富民兴渝”总任务，全面完成规划确定的主要目标任务。地区生产总值年均增长 12.8%，总量突破 1.5 万亿元；人均地区生产总值突破 5 万元，超过全国平均水平；常住居民人均可支配收入突破 2 万元，综合经济实力大幅提升，经济结构调整取得显著成效，三次产业结构由 2010 年的 8.6∶44.6∶46.8 调整为 7.3∶45∶47.7。电子信息、汽车等支柱产业和战略性新兴产业增长快于一般工业，金融和服务贸易等现代服务业增长快于传统服务业，制造业发展突出高端化、配套化、集聚化，形成了“6＋1”支柱产业集群。电子信息、汽车两大产业形成多品牌集聚，产值上万亿元。装备、生物医药、材料、能源和消费品工业发展为千亿元级产业。前瞻性地布局了十大战略性新兴产业，努力打造新的工业增长极。构建起大通道、大通关、大平台开放体系，形成内陆地区独有的“三个三合一”① 开放平台，进出口总额达到 750 亿美元，增长逾 5 倍。

（三）上海市：科学建设现代化国际大都市

上海“十二五”规划提出，要率先走出一条具有超大城市特点的科学发展之路，在深刻变化的国际国内环境面前，上海必须进入转型发展的新阶段，仍处于可以大有作为的重要战略机遇期，面临重大机遇和严峻挑战。上海将科学发展具体细化为“创新驱动、转型发展”的发展主线，“转变经济发展方式取得率先突破，人民生活水平和质量得到明显提高”的奋斗目标，从而科学建设现代化的国际大都市。

在产业发展上，上海重点将集成电路、人工智能、生物医药、工业互联网等战略性新兴产业集成为目标体系。将科学发展的要求具体为能够保持可持续发展的“创新驱动、转型发展”上，深入实施科教兴市和人才强市战略，以提高知识竞争力为核心，以应用为导向，抢占科技制高点、培育经济增长点、服务民生关注点，全面增强原始创新、集成创新和引进消化吸收再创新能力，全面推进制度创新、管理创新和文化创新，充分激发经济社会发展转型的内在动力和活力，率

① 指“三个国家级交通枢纽、三个国家一类开放口岸、三个保税区”的三个三合一。

先实现城市发展向创新驱动转变。

“十二五”期末上海全面完成规划确定的目标，经济运行稳中有进，质量效益明显提升，以服务经济为主的产业结构基本形成，奋力开启了建设具有全球影响力的科技创新中心新征程。虽然生产总值年均增长只有7.5%，但经济结构、质量和效益进一步改善。上海在国家战略中的地位和作用更加凸显，国际影响力进一步增强。

五、“十三五”期间构建现代产业体系和建设工业强国

党的十八大以来，以习近平同志为核心的党中央提出一系列新思想、新理念、新战略，在产业发展方面再次强调着力构建现代产业发展新体系，再次表明了中央对新时期现代产业体系的关注。“十三五”规划是实现全面建成小康社会宏伟目标的最后一个五年规划，需要注重理念先行、问题导向、措施精准。党的十八大提出了创新、协调、绿色、开放、共享五大发展理念，其中创新是首要理念，提出坚持创新发展，着力提高发展质量和效益。为此，培育发展新动力，拓展发展新空间，深入实施创新驱动发展战略就成为一条主线，而围绕这条主线，就必须建立现代产业体系，建设社会主义的工业强国。

（一）江苏省：建设具有全球影响力的产业科技创新中心

“十三五”初期，江苏省的经济综合实力显著提升，发展动力加快转换，发展空间不断拓展，发展的稳定性、竞争力和抗风险能力明显增强。但是新矛盾新问题也层出不穷，经济社会发展中一些不平衡、不协调、不可持续的深层次矛盾和问题尚未得到根本解决，存在经济下行压力逐渐加大，创新能力形成的增长点支撑作用不强，城乡区域发展不够平衡等问题。“十三五”时期，江苏省坚持发展是第一要务，把发展的重点转到以提高质量和效益为中心。这就需要实现动力的彻底转换，建设强大的产业科技创新中心，使江苏的经济强、百姓富、环境美、社会文明程度高，率先全面建成小康社会，积极探索开启基本实现现代化建设新征程。

建设具有全球影响力的产业科技创新中心与构建现代产业体系是并行不悖的，因为现代产业体系是以科技创新为支撑的，江苏省在“十三五”规划中提出产业迈向中高端水平，战略性新兴产业加快发展，新产业新业态不断成长，具有国际竞争力的先进制造业基地建设取得重大进展，现代服务业贡献份额和发展水平显著提升，农业现代化建设走在全国前列等，都是现代产业体系的具体体现。规划进一步强化科技创新引领，高端创新要素集聚、企业主体创新作用凸显、区域创新功能完善、创新创业繁荣活跃，建成具有全球影响力的产业科技创新中心。

“十三五”期间江苏省在现代产业体系建设上，紧紧围绕科技创新中心展开，尽管遇到了前所未有的经济下行压力，但仍然取得了重大成绩，地区生产总值截至 2019 年年均增长 6.1%，“三二一”产业结构形成，战略性新兴产业、高新技术产业和传统产业的改造都取得了显著成就，具有全球影响力的产业科技创新中心已显雏形，现代产业体系基本形成。

（二）重庆市：加快数字产业化、产业数字化

重庆市在“十二五”期间积极融入国家区域发展和对外开放格局，在更大范围扩大开放、深化协作、配置资源；信息化快速发展，特别是在推进新型工业化过程中，工业现代化水平有较大提升，内陆地区的开发开放条件也大为改善，有利于重庆实现跨越发展。但重庆总体上仍处于欠发达阶段、属于欠发达地区的基本市情没有根本改变，经济社会发展不平衡、不协调、不可持续的问题依然突出，尤其是比照现代产业体系的要求，还有较大的差距。“十三五”规划的发展目标是要保持经济社会平稳较快发展，提高发展质量和效益，对接国家建设现代产业体系要求，加快数字产业化和产业数字化，确保如期全面建成小康社会、开启社会主义现代化建设新征程。

规划保持了加快建设国家重要现代制造业基地，服务业比重进一步上升等产业发展的内容，更加强调加快建设西部创新中心，提升创新驱动发展能力，加快建设内陆开放高地和与国际接轨的内陆开放型经济新体制。围绕现代产业体系的建立，进一步发挥科技进步和信息化的带动作用，构建产业新体系，培育发展新动力，完善发展新机制。在具体的实施项目上，强化数字经济的应用与快速发展，提出了“互联网＋”行动计划，建设通信信息枢纽和互联网经济高地，发展互联网软件及技术服务、云计算、大数据处理等产业，推动传统产业深度融合与改造，实现生产方式向柔性、智能、精细转变。坚持走新型工业化道路，发展壮大战略性新兴产业，改造提升传统制造业，加快推动制造业智能化、绿色化、服务化，建设国家重要现代制造业基地。初步形成重庆的现代产业体系基础。

“十三五”时期，重庆市全面落实习近平总书记对重庆提出的“两点”定位、“两地”“两高”目标、发挥“三个作用”和营造良好政治生态的重要指示要求①。地区生产总值增速保持在6%以上，人均地区生产总值突破1万美元。在加快建设现代产业体系上，产业结构持续优化，传统产业转型升级步伐加快，高技术制造业和战略性新兴产业增加值分别增长12.6%和11.6%；突出抓好大数据智能化发展。加快数字产业化、产业数字化，获批建设国家数字经济创新发展试验区，数字经济增加值增长15%左右，全面推动了经济高质量发展。同时，消费品产业较快增长，现代服务业快速发展，启动国际消费中心城市创建活动。

（三）上海市：新时代全国创新发展先行者

上海一直是我国现代产业体系建设的先行者，但在“十三五”时期，国际环境不稳定不确定因素增多，我国深化改革扩大开放又步入新阶段，上海发展既面临重大机遇，也面临严峻挑战。在全球经济格局深度调整、我国经济发展进入新常态的同时，上海也进入了创新驱

① “两点”定位，即西部大开发的重要战略支点、“一带一路”和长江经济带的联结点，在国家区域发展和对外开放格局中具有独特而重要的作用。“两地”“两高”目标，即加快建设内陆开放高地、山清水秀美丽之地，努力推动高质量发展、创造高品质生活。发挥“三个作用”，即在推进新时代西部大开发中发挥支撑作用、在推进共建“一带一路”中发挥带动作用、在推进长江经济带绿色发展中发挥示范作用。

动发展、经济转型升级的攻坚期。所以，上海在“十三五”规划中提出了“以创新、协调、绿色、开放、共享的发展理念引领未来发展”，到2020年进一步推进现代产业体系建设，形成具有全球影响力的科技创新中心基本框架，走出创新驱动发展新路，为推进科技创新、实施创新驱动发展战略走在全国前头、走到世界前列奠定基础。

“十三五”时期，上海坚持三二一产业共同发展、融合发展，在建设现代产业体系过程中，更加重视实体经济发展，加快向产业链高端迈进，持续推进以现代服务业为主、战略性新兴产业引领、先进制造业支撑的新型产业体系建设，夯实经济中心的产业基础。“十三五”规划提出推进信息技术与制造技术深度融合，发展基于工业互联网的新型制造模式向高端制造、智能制造迈进，成为世界级新兴产业创新发展策源地，这既是成为全球科创中心的客观要求，也是上海城市创新驱动、转型升级和现代产业体系不断迈向高级化的需要。

“十三五”时期上海在继续保持了当好新时代全国改革开放排头兵、创新发展先行者的同时，经济社会总体平稳、稳中有进、进中固稳。在国内生产总值稳定的前提下，第三产业增加值占全市地区生产总值的比重达到72.7%，战略性新兴产业制造业产值占规模以上工业总产值的比重提高到32.4%。全社会研发经费支出相当于全市地区生产总值的比例达到4%，形成了对更高水平的现代产业体系的支撑，创新人才和成果不断涌现，基本形成科技创新中心城市辐射能力，张江国家自主创新示范区加快进入国际高科技园区先进行列。最终为形成国际性重大科学发展、原创技术、高新科技产业重要策源地和全球重要创新城市打好框架。

第三节　省级产业政策纵向特征——以重庆为例

各国都普遍认识到，产业生命周期是每个产业都要经历的一个由成长到衰退的演变过程，是产业从出现到完全退出社会经济活动所经历的时间，分为初创、成长、成熟和衰退四个阶段。对政府决策来说，必须明确判断产业生命发展所处的周期阶段，了解产业发展规律，针对产业生命周期的阶段特征进行产业规划，制定产业政策。因此，省级政府需要掌握产业生命周期规律，了解各种因素对产业生命周期的影响，判断产业所处阶段，认识不同阶段的特征，作出正确的产业战略、区域战略、企业战略，实现正确的产业结构调整，推进产业壮大发展，延长产业生命周期。省级产业政策一般从产业的培育、推广、扶持、转型等方面，体现产业政策的延续性、产业拓展的明确性及各阶段产业政策的针对性。

长期的产业政策实践表明，政策的实施本质上是以“延续性链条”来持续推进的，政策前后环环相扣，使政策具有连续性的基本特性。政策的这一性质保证了产业政策在指导过程的统一，这种不间断的连续过程可以有阶段性的目标和政策的侧重，而总体上体现出政策的连续性，从而使政策重点和目标得到连续。也正因如此，确保了政策的长期性、稳定性，避免了政策的大起大落，使产业发展能够稳定并且可持续。而在每一个具体政策的实践中，则由企业、行业、部门、地区主体来完成，体现出政策的具体针对性。可以这样理解，以动态化原则下的政策为指导、以目标和政策长线为框架、具体阶段性政策的特色组合，构成了产业组合政策的群体效应，使政策的整体性特征与具体政策实施形成有效对应。使长期政策的整体性和具体政策的灵活性有机结合起来，形成省级政府对产业的调控和指导。在总体上，省级产业政策的长短期有效统一，是针对于产业生命周期各阶段发展特征对应而形成的，也就体现出了产业政策的纵向特征。

以下，以重庆市相关产业发展特征及相关产业政策的制定实施为例，分析省级产业政策的纵向特征。

一、产业政策延续性强，对产业持续发展、扶持起到了关键作用

重庆“九五”时期以来，各五年规划（计划）提出的产业发展目标及相关要求，在总体上推进了各产业的发展和结构的转变。

（一）总体情况

重庆规模工业增加值的增幅保持了持续高于全国平均增幅的良好势头，并连续 5 年居全国前列。同时，在保持高增速的前提下，效益得以提高。如“十二五”期间，重庆面临着西部大开发、统筹城乡综合配套改革、两江新区建设等重大历史性机遇，工业化、城镇化进程加快。这五年，集群发展成为推动工业转型升级的核心与关键，重庆工业发展具有做大总量、提高质量、做强传统产业、做大新兴产业、实现工业经济规模与结构优化共同推进的特点。

（二）传统制造业的发展

重庆是我国的六大老工业基地之一，“九五”时期开始提出“突出重点调整工业结构”的方向，重点是“以汽车摩托车为主体的机械工业、以天然气化工和医药化工为重点的化学工业、以优质钢材与优质铝材为代表的冶金工业”作为重点调整方向；“十五”期间根据情况进行调整收缩，“集中力量发展五大支柱产业（其中含旅游业）”，推进“汽车摩托车工业、化学医药工业、食品工业、建筑建材业”升级发展；“十一五”期间，着手建设现代制造业基地，包括汽车摩托车、装备制造业和资源加工业几大基地。15 年间几经调整，装备制造、医药化工、食品几大产业得以保留；“十二五”规划根据产业发展状况，提出了传统优势产业概念，涵盖重庆工业领域的汽车摩托车、装备制造、化工、材料等劳动密集型产业；在“十三五”规划中明确提出了对汽车、电子信息、装备、化工、材料、食品、纺织等传统产业进行升级改造，并出台了一系列政策，到“十三五”期末逐渐形成电子制造、新材料、能源、生物医药、装备制造业和消费品行业的支柱产业体系。从整体上使重庆的老工业传统产业从“重点行业”到“优势产业”再升级到“支柱产业”，体现出老工业基地在改造发展的过程中产业政策良好的延续性和对产业发展的推动作用。

（三）现代制造业的发展

在“九五”期间，重庆的制造业已经是全市工业的中坚力量，但是存在结构不优、质量不高、链条不长、现代化水平低等一系列问题。

“九五”期初，重庆还是一个计划单列市，尽管在经济上有相对独立的权力，但是整体工业水平是较低的。在“九五”计划中，尽管强调结构调整，但主要的任务还是把制造业做大，重点放在传统的机械、冶金、化工行业。重庆成为直辖市后，移民、扶贫和老工业基地改造并驾齐驱，但移民成为全市最重要的任务在这样的背景下，重庆市制造业的改造升级开始纳入计划，从“九五”到“十一五”规划（计划），对重庆的产业发展引导从重视数量逐渐向数量质量并举，而从“十二五”时期开始，把结构优化、质量提升和产业升级放在比数量更加重要的位置，对全市经济发展起到了重要的推动作用。“十二五”期间，全市实现规模以上工业总产值超过 2 万亿元，五年增长近 80%。“十三五”期间，继汽车制造业后，以笔记本电脑为主体的信息产业成为重庆制造业的两大支柱型产业之一。

重庆规模以上制造业主要行业还有冶金、化工、食品、摩托车等，但总体上除极个别产品外，在全国并不具有优势，也就是说，重庆的绝大多数产品在全国的制造业都具有可替代性。在数量上，维纶纤维、汽车、摩托车、微型计算机设备、打印机等产品曾经占到全国产量的 10%以上，但是质量并不具有优势，制约了其发展的可持续性。近年机器人、通用航空、3D 打印、生物医药、节能环保等高附加值产业逐渐充实了重庆制造业。“九五”时期以来，重庆制造业的规模发展较快，从“十二五”时期开始，政府强力推动产业结构优化升级和产业集群化发展成为重庆制造业发展的主线。

（四）两大支柱产业的发展

制造业是重庆长期的战略性支柱产业，在重庆成为直辖市之后，重庆逐渐成为我国最大的汽车生产基地之一。到“十二五”期末，全市汽车制造业实现总产值近亿元，成为当年重庆工业增加值贡献率最大的行业，汽车年产量突破 300 万辆大关，较“九五”期增长数十倍。“十二五”期间，重庆市又加快了汽车产业的提档升级，形成了一个庞大的汽车产业集群；以长安汽车为龙头，聚集了国内外 10 个重要的汽车整车厂商，拥有上千家配套企业。形成了发动机、变速器、制动系统、转向系统等各大总成完整的汽车产业体系，强调大、中、小、微型企业相互协调、相互促进的集群发展模式。

电子信息曾是重庆一个很弱小的产业，在重庆产业体系中不具有重要的位置，“十一五”时期以来，在国家整体产业结构不断向信息化发展的背景下，重庆开始谋划信息产业的发展，将信息产业纳入“十一五”规划产业发展的重要内容。以引进惠普整机和富士康代工企业为始点，相继引进了数十家整机厂，形成了以重庆西永园区为中心，半径 20 公里的一个庞大配套零部件区域。经过多年的努力，以笔记本电脑为主体的电子信息产业逐渐崛起成为重庆的新兴支柱产业。到了“十二五”期末，重庆年生产 6 500 万台微型计算机设备，占全国产量的 18.4%，同时，手机、平板电脑等智能移动终端设备产量迅速增长，促使电子制造业快速发展。电子信息产业对当年工业增加值贡献率达到 14.5%，跃居全市工业第二位，重庆成为全球最大笔记本电脑生产基地。

重庆电子信息产业从弱到强，是政府产业政策推动发展的一个典型案例，从最初的设想到政策设计以及基地的确定，基本上是政府主导，包括海关专运线的建设等服务更是政府的职责。但是，在零部件配套的过程中，政府部门仅通过产业政策的引导，由企业自主与整机厂家形成配套协作关系，这样使重庆信息产业的发展基本走在健康稳定的路上。

二、产业政策不断推进和构建特色产业集群

纵观“九五”到“十三五”重庆规划（计划）中所体现的产业政策，虽然有些根据情况在不断地进行调整，但也体现出一定的连续性。以战略性新兴产业为例，政策就有比较明显的延续性，而且随着科技进步和需求变化不断对发展中的战略新兴产业进行调整。与此同时，还以产业基地、工业园区等方式，创造条件推动产业集群形成，推进产业体系发展。“九五”时期，重庆市在新兴产业方面开始以电子计算机产业为发展基础，起步发展“微型计算机及其应用产品、显示器、

现代通信设备、专用集成电路”，并逐步推进“工业过程自动控制系统成套装置、微电子、新材料、新能源、生物工程”等产业发展；至“十五”时期，通过前期摸索与发展，提出“重点发展信息工程、生物工程、环保工程三大高新技术先导产业”；“十一五”时期，提出以产业发展基地方式，重点推进“信息产业、生物产业、新材料产业、新能源产业”等高技术产业；“十二五”时期明确了发展“以信息产业为主导的战略性新兴产业”，提出了建设“国内最大笔记本电脑基地、国内最大离岸数据开发和处理中心、通信设备集群”，并推进“高性能集成电路、节能与新能源汽车、轨道交通装备、环保装备、风电装备及系统、光源设备、新材料、仪器仪表、生物医药”等产业快速发展；“十三五”期间，随着中国先进制造业发展的步伐加快，重庆战略新兴产业重要地位进一步明确，规划清晰地明确了“以集群化、智能化发展为基本路径，壮大现有产业，培育新兴产业，打造以高端制造业为代表的战略性新兴产业集聚中心”，进一步对电子核心零部件、物联网、新能源汽车及智能汽车、机器人及智能装备、高端交通装备、环保产业及化工新材料、生物医药、新材料、页岩气等产业发展指出了发展方向与重点措施。这个过程中，两江新区、西永电子工业园区、长寿万州国家经济开发区以及国家级经济技术开发区和高新技术开发区，都起到了极为重要的平台作用。

三、产业政策与产业发展匹配程度较高，适应了产业发展时段性特征

产业政策的一个重要任务是通过与产业发展的匹配，有效推动产业高质量发展。从重庆的产业政策看，各阶段的产业政策基本上适应了产业各时段的发展特征。从“九五”至“十三五”时期，三次产业总体上发展态势良好。在整体上产业政策体现出顺应产业发展周期的特征，但在具体的产业发展策略上，特别是目标制定上，有较高的超前特征。

第一产业提出了“强化第一产业”——“提高农业和农村经济整

体素质和效益”——“加快发展现代农业”——“大力发展现代农业”——“加快推进农业现代化”的发展思路。从具体指标上，由于农业、农村、农民和农地的复杂性，特别是“十三五”打响的扶贫攻坚战，使现代化的实际水平滞后于目标。

第二产业是按照“优化提高第二产业”——“集中力量发展五大支柱产业”——“建设现代制造业基地”——“建设国家重要的先进制造业基地”——“加快推进新型工业化”进行设计的。这基本上与国家在同期五年规划（计划）中提出的内容一致，但重庆处于西部，工业化高质量发展的整体水平较低，实际执行指标并不能完全达到上述目标。

第三产业的执行水平相对较高，是因为这个阶段正是第三产业高速发展的时期，提出“大力发展第三产业”——“大力发展服务业”——“加快发展服务业”——“建设西部地区现代服务业高地”——“加快发展现代服务业”的总体脉络。重庆从“十二五”后期，就基本实现了“三二一”的产业格局，而且现代服务业以比其他产业更高的速度发展。

综上所述，这段时期重庆五年规划（计划）所颁布的产业政策，一是基本上保持了重大产业的可持续发展，并在“十二五”以后加大了产业结构的调整。二是根据产业发展规律，具体制定出了不同阶段的发展重点，基本上体现出由低到高的成长过程。产业初创阶段的主要策略是“支持优势行业、优势企业、优势产品”，使产业选择起步较为稳定。产业成长阶段的主要策略是“将技术进步作为动力，突出重点，壮大发展，确定为经济社会发展支柱产业”，使成长能够获得相对稳定持续的动力。产业成熟阶段的主要策略是“形成更多拥有自主知识产权和知名品牌的优势企业，促进产业结构升级，发挥产业在全市国民经济中的主导作用”，这样可以相对持久地保持成熟阶段的高峰值。产业衰退阶段的策略是“加快老产业基地改造和结构调整、促进资产流动和重组、开发新技术、新产品”，通过技术升级和组织结构的变革，使老产业升级转型。

下面，以重庆的产业政策支持和引导化工和医药产业发展为例进行分析。在“九五”期间，产业政策是以“增加基本有机化工原料并发展中下游产品”“扩大优势品种的生产规模”为主，目标显然是推进产业规模扩大，促进产业加速发展。“十五”期间，在规模逐步扩大基础上，提出了“加快调整产品结构和技术创新步伐，重点发展新型精细化工产品。发挥原料药基地优势，加强原料药多剂型、新剂型和新用途开发，提高产品附加值”为主，目标是力求推进产品精细化和高附加值，增强发展动力，推进产业良性发展。“十一五”期间，产业政策继续延续产品拓展、产业集群化发展的指导方向，进一步细化产业分类，提出“天然气化工、盐化工、化肥”“精细化工”“现代中药产业集群”“对原料药进行多制剂和新用途深度开发”等政策，目标是进一步提升产业发展新动能。“十二五”期间，产业政策进一步精细化，对化工领域提出“重点培育发展天然气石油化工产业集群，加快发展聚氨酯、聚酯、尼龙、聚甲醛等化工新材料、乙烯及下游产品、芳烃及下游产品、天然气精细化工、合成橡胶轮胎等”，在医药领域提出生物医药的分类，“超声医疗、数字医用设备、生物医用材料与人工组织器官等核心技术和系列产品，推进特色生物医学工程产品和创新药物产业化，建设国家生物产业基地”，目标是注重产业相关技术的运用提升，从而促进产业升级发展。“十三五”期间，对于传统化工产业，提出“加快传统产业结构调整、技术进步和企业重组，调整优化产品结构、拓展产业链条、创新商业模式，提高企业生产技术水平和效益”，以品质提升、产业链条延伸、技术进步、结构调整为导向提升传统化工产业发展能力，同时提出延伸“MDI（二苯基甲烷二异氰酸酯）及化工新材料”相关产业及产品；在生物医药方面更加明晰产业品类、产品类别及技术方向，提出“建设全国重要的生物医药产业基地”的目标。

总体来说，重庆产业政策的制定，基本遵循了产业发展的规律，从上规模到提品质、精细化，从调结构到拓展产业链条延伸发展。按照不同阶段采用不同产业政策，不断调整发展重心。对于处在不同阶段的产业，采用不同的政策引导，使产业能不断适应外部环境变化。基本遵循了对不同产业进行不同政策引导的内在要求，如农业发展以保基础、提质量、增效益为主；服务业方面则是大力推进发展，从产业规模、类型等方面提升发展水平；工业则是注重高质量发展的要求，支持电子信息、智能制造、生物医药、新材料等产业发展，弱化落后产业，实现更新换代，优化产业结构，以相关产业集群形式延伸产业链条，推进生产性服务等产业快速发展，实现产业结构不断优化。

第四节　产业政策传递过程中的行业差异性

产业政策不是孤立的，由于产业本身存在递进性和系统性，产业政策就必然表现出多维度、多层次、多方位的系统结构。因为产业层次必然发生分化，这种分化对产业政策也提出了相应的要求。如果把产业政策看成一个有机的网络系统，那么，其层次性就表现为政策在不同产业层次结构中的有机联系。通过整体政策的分解以及三次产业的逐层分解，产业之间以及产业内部的层次性就更加明显，低层政策往往是瞄准中层政策而调整，而中层政策又围绕着高层政策进行调整，这样，逐层逐级构成了完整的政策体系。

我国省级产业政策一般会跟进中央已经制定的产业政策，但是在执行力度及配套措施上享有较大的自主权。我国国家层面正式制定产业政策始于1985年，基本上都体现在五年规划和年度计划中。在一些重要时期，中央会制定重大产业指南和政策扶持计划，之后地方政府积极响应出台相同或类似的政策。在具体的执行过程中，省市县各级地方政府则往往根据自己的实际情况进行调整，从战略产业选择、配套扶持政策到政策执行力度，省级之间差异较大。产业政策对于地方政府吸引企业投资、推动地区经济增长具有较强的作用，这是因为省级政府间通常是围绕地区的经济发展水平展开竞争，而财政补贴、税收优惠、土地优惠等产业政策对于吸引企业投资，推动地区经济增长具有直接作用。若一个省不出台任何产业政策，就意味着这个省（区、市）在特定的领域没有相对优惠的举措，而其他省份又制定了相关产业政策，那么潜在的投资者就会被其他省（区、市）的优惠条件所吸引，这就必然影响本省（区、市）经济发展水平。因此，出台产业政策就成为各省（区、市）吸引资金人才的优势策略。最终所有地区都会选择出台产业政策的策略。往往当一个省所面临的增长压力越大，发展本省经济的动机越强，越会选择采取更为积极主动的措施刺激经济增长，同时该省实施产业政策的动机也就越强，政策力度也会越大。

总体上可以归纳为两点：一是无论其他省是否有出台产业政策，在增长或结构调整的压力下，各省均有出台产业政策的动机。二是当一个省面临的发展压力越大，省级政府出台产业政策的动机就越强，政策力度也越大。改革开放至今，我国各省（区、市）在对中央产业政策的执行和制定本省（区、市）产业政策过程中形成了形式多样的促进产业发展的措施，既有吸引优惠的共通性，也有具体政策的差异性。

一、省级产业政策较中央政策针对性更强

选择性的产业政策使省级政府针对本省特定的企业或行业提供排他性的激励，以引导这些被选定的行业和企业率先得到产业政策的激励和扶持，针对性明显强于中央政策。一是省级政府可以帮助特定的企业在产业发展上形成优势竞争能力，减少同行业其他企业间的激烈竞争。对省级政府来说，就能够集中有限的财力物力去培育地方产业转型升级的典范。二是缩小政府的支持范围，细化产业类别，选择对本省中长期发展有利并能有效推进产业优化与升级，具有更强生命力的新产业，这有助于政府产业政策在较短时间起效，当然也有助于省级政府取得政绩和经济收益。三是省级产业政策能够利用行业或企业间的竞争以及协作关系，实现产业集群化、链条化发展。以战略性新兴产业政策上下传递为例，《国务院关于加快培育和发展战略性新兴产业的决定》提出，“使节能环保、新一代信息技术、生物、高端装备制造、新能源、新材料、新能源汽车七大产业用20年达世界先进水平”，

这是一个典型的指导方向性的政策。到了省一级就非常具体了，《重庆市人民政府关于加快发展战略性新兴产业的意见》提出主要“打造新一代信息产业成为重要支柱产业，做大做强高端装备制造、新能源汽车、节能环保三大优势产业，培育新材料、生物、新能源三大先导产业，实施‘2＋10’产业链集群建设方案，建设笔记本电脑和离岸数据开发处理‘2’个全球重要基地，培育通信设备、集成电路、轨道交通装备、新能源汽车、环保装备、风电装备、光源设备、新材料、仪器仪表、生物医药‘10’个千百亿元级产业集群”。整体上看，重庆市提出的产业政策延续了国家提出的七大产业类别，但实际上通过“打造重要支柱产业”“做大做强优势产业”“培育先导产业”的区分，仍然体现出了地方政府对产业政策的选择，同时通过“2＋10”产业集群的描述，进一步细化了重庆市在产业选择方面的政策导向。而各开发区、园区就会更加细化产业政策，重庆市根据产业布局及发展思路，进行了产业导向性的区域划分，避免同质化发展。各产业承载主体会根据开发区、园区的具体政策作出选择。各开发区、园区也会制定更为细化的产业引进方向及相关支持政策。以重庆两江新区为例，提出构建“3331”产业体系思路，具体到了可操作的环节，即发展汽车、电子、装备制造三大制造业，培育发展大数据、大健康、绿色环保三大特色产业，提升发展金融、贸易、国际物流三大优势服务业，集聚发展显示面板、集成电路、新能源及智能汽车、机器人及智能装备、通用航空、云计算及物联网、节能环保、新材料、生物医药及医疗器械、能源装备十大战略性新兴产业。

二、省级产业政策更注重激发产业动能

激励产业培育是省级产业政策针对产业研发、开拓等企业行为进行政策激励，制定企业在发展各环节取得进展的要求，使参与产业能够得到转型升级。一是通过产业技术的支撑、产业经营环境的营造，帮助企业稳步推进产业发展，避免产生不可持续的经营困境。二是培养地方经济在新产业上的市场竞争力，因为一旦本地区在产业转型升

级上取得技术和经营模式上的突破，就会使本地区在新产业的发展上取得领先地位，并能吸引更多的资本和企业向本地区集聚，增强地方经济的实力和地方政府的财力。如《国务院关于加快培育和发展战略性新兴产业的决定》指出“强化科技创新，提升产业核心竞争力，增强自主创新能力是培育和发展战略性新兴产业的中心环节，必须完善以企业为主体、市场为导向、产学研相结合的技术创新体系，发挥国家科技重大专项的核心引领作用，结合实施产业发展规划，突破关键核心技术，加强创新成果产业化，提升产业核心竞争力”，并提出了六项主要支持方向。这在宏观意义上具有很好的作用，但作为指导性文件，其具体转化为产业发展动能的操作性并不强。而作为省级的《重庆市人民政府关于加快发展战略性新兴产业的意见》中所提出的要求就是很具体的操作线路。直接提出围绕“2＋10”产业链集群，建设一批自主创新基础平台，完善以重点实验室、工程实验室、工程中心、企业技术中心、公共创新服务设施为支撑的创新链，形成“布局合理、装备先进、开放高效”的自主创新物质支撑体系。很明显，重庆市在制定相关政策时，更加关注相关产业的相关配套及支撑体系建设，以此支撑产业发展。同时，提出“通过消化吸收再创新、集成创新、原始创新，突破一批核心关键技术，掌握一批具有国际竞争力的专利成果，力争战略性新兴产业领域专利授权量年均增长30％以上”的激励性政策指标，为产业发展提出了较为明确的发展要求。重庆市两江新区对辖区内企业科技创新管理专门制定了《重庆两江新区促进科技创新发展办法》，细化了相关科技创新水平提升的相关奖励、扶持政策等。

三、省级产业政策注重具体指导以满足产业实际需求

省级产业政策是政府向所有企业发出的一种知会，使相关的企业明确政府对产业发展的意愿，并对跟随这种意愿的企业给予特别的支持。一是省级产业政策对企业的指导是非常具体的，通常会列出具体产业目录，对愿意跟随产业政策的企业采取支持政策，但对不跟随产

业政策的企业并不给予惩罚，这样可避免政府与企业间的冲突。二是省级产业政策并不是考虑产业发展的方方面面，而是注重产业发展的基础和重点。因此，制定产业政策时就更注重满足新培育产业的实际需求，具体表现在对优质企业、投资者的吸引力；有些省还会提出相关产业落地后的发展与政府规划、重点产业布局的吻合性。例如在发展战略性新兴产业时，重庆市根据国家政策指导，明确制定了相关政策，研究发布重庆市战略性新兴产业产品指导目录，完善充实促进战略性新兴产业发展的政策措施，为产业发展和重点项目建设提供实实在在的政策支持；建立重特大项目“一事一议”工作机制，在项目引进和建设中给予专项政策；项目所在地政府、开发区管委会和市政府有关部门在统筹安排财政性资金时，要倾斜支持百项重点项目建设；市财政加大战略性新兴产业扶持力度，安排专项资金，优先支持重点项目建设；市战略性新兴产业领导小组成员单位要加强与对口的国家部委衔接，积极争取国家政策和资金支持。这些支持性的产业政策内容全面，旨在优化产业培育的基础条件，优化产业发展环境，吸引产业项目落地。同时产业园区在落实时，还会根据指导目录进一步提出优惠政策及鼓励方向，细化相关政策。如两江新区制定了四个“黄金十条”招商政策，针对《重庆两江新区促进先进制造业发展办法》，在落实国家和重庆市发展先进制造业政策的同时，结合两江新区实际，提出了“鼓励类产业扶持”“项目落户奖励”“经济贡献奖励”“增长贡献奖励”“产业联动奖励”等相关鼓励政策。

综上分析，我国省级产业政策会受到中央产业政策、经济体制背景、政府对地区经济发展的意愿、政府治理机制等多重因素的影响。所以，相对于中央产业政策，省级产业政策就显得更为具体和具有可操作性。

第四章　省级产业政策作用分析

第一节　省级产业政策的宏观引导作用

一、省级产业政策必须贯彻国家战略

从国家战略角度看，任何国家的产业正常发展都是一个有机系统的不断完善过程。由于我国的特殊国情，各省结合自己的实际情况发布产业政策是必要的。但是，必须掌握的一个原则即是贯彻国家产业战略。

省级产业政策是如何贯彻国家产业战略的?

省级五年规划体现国家产业发展要求。本书作者之一的杨庆育牵头完成的《中国省级五年规划发展研究》一书曾对省级五年规划的特点作出了“承上”的归纳。“省级规划与国家规划的关系首先体现出一种‘承上’的关系，即国家的五年规划提出了全局性的目标框架，而各省的五年发展规划则以国家规划为蓝本，以各省实际特殊情况为基础，设计各自的五年期任务目标，以支撑国家五年规划的最终实现。”① 具体说，每个省的五年规划所涉及的重大问题，都需要体现这种“承上”特点，这当然包括产业发展。

我们比较了“十三五”时期国家与苏渝两地的情况（见表 4-1）。

① 杨庆育，等. 中国省级五年规划发展研究［M］. 北京：中国计划出版社，2019：100.

阅读资料 8

国家“十三五”规划纲要中有关全产业发展的描述

1. “十三五”规划纲要以完整的一个篇目全面阐述推进农业现代化，共用了 4 个章节分别就增强农产品安全保障能力、构建现代农业经营体系、提高农业技术装备和信息化水平和完善农业支持保护制度进行规划。

2. 用专篇规划现代产业体系，包括实施制造强国战略、支持战略性新兴产业发展、加快推动服务业优质高效发展。

3. 适应互联网和信息经济的新形势，专篇规划提出拓展网络经济空间，包括构建高效的信息网络、发展现代互联网产业体系、实施国家大数据战略和强化信息安全保障。

4. 在基础产业方面，首次提出建设现代基础设施网络，如完善现代综合交通运输体系、建设现代能源体系等。

从国家与苏渝两地在各自规划中对产业的描述，我们可以得到以下几点认识。首先，两省市在产业发展问题的重大表述上，与国家基本保持高度一致。

表 4-1　国家与江苏、重庆“十三五”规划中三次产业表述

产业类别	国　　家	江　苏　省	重　庆　市
农业（第一产业）	增强农产品安全保障能力、构建现代农业经营体系、提高农业技术装备和信息化水平和完善农业支持保护制度	大力发展现代农业，加快培育新型农业经营主体，构建现代农业产业体系，强化农业发展支撑保障	加快推进农业现代化，转变农业发展方式，大力发展现代特色效益农业
工业（第二产业）	实施制造强国战略、支持战略性新兴产业发展，构建高效的信息网络、发展现代互联网产业体系、实施国家大数据战略和强化信息安全保障	构建产业新体系，建设具有国际竞争力的先进制造业基地，建设战略性新兴产业重要策源地。深入实施转型升级工程，推进产业高端化、高技术化和服务化发展，加快健全现代产业体系	坚持走新型工业化道路，发展壮大战略性新兴产业，改造提升传统制造业，加快推动制造业智能化、绿色化、服务化，建设国家重要现代制造业基地

续表 4-1

产业类别	国　家	江 苏 省	重 庆 市
服务业（第三产业）	促进生产性服务业专业化，以产业升级和提高效率为导向，发展工业设计和创意等产业。推动传统商业加速向现代流通转型升级。提高生活性服务业质量水平，促进专业化、规模化和网络化发展。完善服务业发展体制和政策	实施现代服务业发展五年行动计划，推动生产性服务业向专业化、网络化和价值链高端延伸，生活性服务业向精细和高品质转变，打造“江苏服务”品牌。加快落实服务业进一步扩大开放的政策措施，延伸外资企业服务链	把发展现代服务业作为产业结构调整的重要方向，紧紧围绕制造业升级和群众日益提升的物质文化需求，统筹发展生产性服务业和生活性服务业。培育战略性新兴服务业，跨境电子商务、互联网云计算大数据等

表 4-1 很明确地展现出地方对国家战略的贯彻，基本上是完全体现了“承上”的特征。农业方面，“农业现代化或现代农业”的主题词得到体现，位于东部的江苏更加强调具体的经营体制，而西部的重庆则是从自身的地域环境出发，提出发展现代特色效益农业。工业方面，在国家强调制造强国的背景下，江苏的定位提升到国际高度，重庆提出建立国家重要制造业基地。我们在 2019 年 8 月前网上公布的 17 个省市“十四五”重大前期课题招标中，基本上都有产业高质量发展和重点推进制造业高质量发展的题目。在服务业发展上，趋同化的现象比较严重，在互联网、大数据和人工智能的大背景下，多地响应，对现代服务业高度重视。根据 17 个省市“十四五”重大前期课题题目，总结出各省市将在“十四五”规划中研究的重要领域如表 4-2 所示。

表 4-2　17 个省（区、市）“十四五”重大前期部分课题统计

主 题 词	省市数量	主 题 词	省市数量
重大民生问题	16	先进制造业	11
绿色循环发展	15	创新发展	11
现代服务业	15	动能转换	10
区域经济发展	15	现代农业、乡村振兴	9
高质量发展	14	统筹城乡、城乡融合	9

续表 4-2

主　题　词	省 市 数 量	主　题　词	省 市 数 量
扩大开放领域	14	数字经济、人工智能	9
优化营商环境	12	扩大消费升级	7
重点领域改革	12	支持民营经济发展	5
政府治理能力	11	提升文化竞争力	4

注：[17 个省（区、市）为：广东、山东、江苏、上海、河北、浙江、陕西、湖南、福建、天津、四川、广西、安徽、江西、湖北、山西和贵州。上述分类是笔者按大类进行，并没有全面展现各地的课题内容，难免有偏差和遗漏，但基本反映了其研究重点。]

从表 4-2 可以看出，当前和今后一段时期，国家所关注的一些重大问题基本都引起了地方的高度重视。民生问题是党中央、国务院在“十四五”时期继续重视的问题。随着经济的发展，我国的基本矛盾已经发生变化，如何满足广大人民群众对美好生活的追求，将是我国各省市在“十四五”必须面对的。我们正值经济的下行周期，面临的困难显而易见，但是各地面对困难，迎难而上，充分体现出各省（区、市）在规划编制中的站位高度。值得注意的是，多数省市所关注的问题基本上覆盖了当前和今后一段时期的重要领域。

对现代服务业的关注，可能是各省（区、市）最为关心也是高度最一致的。近年来，各省（区、市）的服务业都引起当地政府的高度重视，这不仅仅是因为中央关心，更重要的是服务业已经成为各地发展的一个非常重要的大产业。特别是现代服务业，在互联网、大数据时代，已经被赋予了全新的产业理念，基本上成为可贸易的产业，如远程医疗、网络教学、远程视频、网上经营等，这是新技术与产业结合发展最快的领域。同时，随着人们生活水平不断提高、以平台建设为特点的现代旅游业更是方兴未艾，成为大多数省（区、市）所关注的重要产业；加之自驾游的兴起，人们更加向往相对原始的自然生态旅游目的地，恰恰在这点上中西部的优势更为明显突出。

省级产业政策贯彻国家战略是我国产业发展的一个基本特征，它能高效地保障国家意图的实现，这也正是社会主义市场经济体制的特征之一，体现并能实现“集中精力干大事、干成事”。需要说明的是，这里的国家战略并不代表国家的具体产业政策，这与我国目前的资金资源配置体制有直接的关系。在计划经济条件下，非常强调集中资金干好几个基础性的产业甚至重大产品，这与国家产业基础和产品总体供不应求有关。但在市场经济条件下，对具体产业发布国家政策，很容易引发地方一哄而上，为产能过剩埋下隐患。因为几乎所有的资金都是跟着国家政策“走”的，尤其是国有控股的大型金融机构，即便知道这样会出现问题，也会义无反顾地跟进，出了问题也不会追究责任。这就是国家控制过多的行业或产品总会出现产能过剩的一大原因。

省级政府对中央政府意图贯彻最好的形式，就是中央政府作出宏观性的方向决策，各省根据本省的实际情况去寻求自身的定位。“一带一路”建设就是一个比较典型的成功案例。

阅读资料 9

各省（区、市）在“一带一路”重点建设领域取得突出成果

“一带一路”重点建设首先是国家层面加强引导，完善支撑。支持各地区发挥比较优势实施差异化发展；推进“一带一路”与重大区域发展战略融合发展；加强政府引导功能，发挥企业主体作用。对各区域的参与进行了基本的定位：东部地区突出创新引领示范作用；中部地区打造内陆开放高地；西部地区推动沿边由开放末梢走向前沿；东北地区建设东北亚合作中心。

1. 政策沟通体系基本成形

积极构建长效沟通机制。在中央的指导下，各省（区、市）注重“一带一路”政策沟通，依托各地区位特点和比较优势与沿线国家和地区积极构建长效沟通机制。近年来各省（区、市）与沿线重点合作国家和地区建立定期交往渠道，缔结友好省州、友好城市的步伐进一步加快，开辟了密切合作的窗口。

落实“一带一路”建设总体部署。国家的《推动共建丝绸之路经济带和21世纪海上丝绸之路的愿景与行动》明确了各地区在“一带一路”建设中的开放定位。其中，西北要发挥向西开放窗口作用，深化与中亚、南亚、西亚等国家的交流合作；东北地区要发挥联通俄蒙区位优势，建设向北开放重要窗口；西南地区要发挥与东盟国家陆海相邻的优势，建设面向南亚、东南亚的辐射中心；沿海和港澳地区要利用经济开放程度高、实力强的优势，充分发挥辐射带动作用，深化与港澳台合作，形成引领国际合作竞争新优势，成为“一带一路”建设的排头兵；内陆地区要依托重点城市群，推动区域互动合作和产业集聚发展，建设内陆开放型经济高地。这样，促使各省区市将“一带一路”建设融入发展大局，使相关工作和重点项目落实有章可循。

健全组织架构各省（区、市）均已建立推进“一带一路”建设工作领导小组，在国家推进“一带一路”建设工作领导小组的领导下，对本省工作进行统筹协调和总体部署。各省（区、市）发布“一带一路”建设的总体规划、实施方案或行动计划，将“一带一路”建设列入政府工作报告，明确自身在“一带一路”中的战略定位、发展目标和重点任务。还有多省就基础设施、产能合作、人文交流等某一具体领域的“一带一路”建设出台规划，上海、重庆、广东、广西、海南等多个省（区、市）都将“一带一路”建设列入了“十三五”规划。

搭建“一带一路”建设国际合作平台。中国国际进口博览会成为“一带一路”国际合作的窗口；上海国际仲裁中心对接国际制度和规则，为构建“一带一路”国际仲裁中心奠定了基础；召开海南博鳌亚洲论坛、中国—东盟博览会、中阿国家博览会、中俄博览会；搭建“中国—欧洲中心”等形式，有力推动了各省与“一带一路”国家的高水平合作。

2. 互联互通已现雏形

互联互通是“一带一路”建设的基础，我国各地区与沿线国家地区基础设施的合作，总体上是在中央政府政策的引导下进行的。其中也有自身发展需要所建立起来的。基础设施日渐健全，交通网络逐步成形，贸易物流通道有力地促进了我国各省（区、市）和沿线国家融入全球化的发展。

中欧班列打造了陆路铁路大通道。中欧班列最早是重庆产业发展所产生的需求，2011年，由于重庆的笔记本电脑产业快速发展，其市场相对集中在欧洲，重庆市在当年首先开通了“渝新欧”班列，随后多个省（区、市）先后都开启了这条陆路大通道。我国到欧洲各国的班列（简称“中欧班列”）已经有3条路线，西部通道由中西部经阿拉山口（霍尔果斯）出境，中部通道由经二连浩特出境，东部通道经满洲里（绥芬河）出境，形成“三大通道、四大口岸、五个方向”格局。

公路联通开始取得突破。部分省（区、市）同时拓展公路联通，中巴经济走廊两大公路正在加紧建设；中俄将连通黑龙江黑河市和俄罗斯阿穆尔州布拉戈维申斯克市，中俄东宁—波尔塔夫卡界河桥也在推进中。

沿海沿江发展港口航运。我国海运服务已覆盖“一带一路”所有沿海国家，中国各港口与“一带一路”沿海港口广泛建立友好合作关系，如广州提出《推进21世纪海上丝绸之路建设三年行动计划》；海南则正在重点打造以海口、洋浦港为核心的面向两大洲和两大洋的具有国际航运和物流中心功能的枢纽港。

通往“一带一路”的集装箱航线加大加密。2018年福建率先开行“丝路海运”，辽宁搭建“辽海欧”大通道使亚欧远洋航线的航程缩短约35%，运输成本降低约30%；2017年起中俄开展北极航道合作，共同打造“冰上丝绸之路”。同时航空客货运输辐射能力显著增强。我国已与沿线62个国家和地区签订了双边政府间航空运输协定，与东盟签订了首个区域性的航空运输协定，并着力推动“一带一路”民航基础设施对接。各省（区、市）还大力发展国际多式联运，海、铁、公、空联运枢纽与物流大通道建设加快。

油气管和输变电线路形成能源支撑。我国在“一带一路”建设中油气合作的重点是中东、俄罗斯、中亚等资源国，通过建设中亚天然气管道和中哈原油管道、东北中俄原油和天然气管道、西南中缅油气管道和东部海上能源通道，初步形成了西北、东北、西南及海上四大油气进口通道。同时也有力推动了我国与沿线国家和地区的电网联通，当前我国已与俄罗斯、蒙古、吉尔吉斯斯坦、越南、老挝等国初步实现了跨国电网互联互通。

3. 贸易物流体系活跃畅通

各省（区、市）与“一带一路”沿线国家的贸易增速超过整体贸易增速。2018 年我国与沿线国家和地区货物贸易进出口总额达 1.3 万亿美元，占外贸总值的 27.4%，同比增长 16.3%。

4. 产能合作加快

与沿线国家和地区的投资合作稳步推进。2018 年我国企业对“一带一路”沿线的 56 个国家和地区实现非金融类直接投资 156.4 亿美元，同比增长 8.9%，占同期总额的 13%；在“一带一路”沿线 63 个国家和地区对外承包工程完成营业额 893.3 亿美元，占同期总额的 52%；各省（区、市）均积极参与“一带一路”国际产能合作，大力建设境外产业园区，促进了沿线国家的发展。各地还大力推进企业走出去开展对外直接投资、承建海外项目与国际产能合作，极大带动了东道国经济建设和我国外贸发展。一方面各地企业通过对外投资促进优势产业成果输出，另一方面各地企业助力“一带一路”沿线国家和地区基础设施建设，推动当地经济发展和民生福祉提高。

5. 资金融通合作形式多样

2014 年 12 月，丝路基金伴随着“一带一路”倡议的提出应运而生，各省区市随后积极响应，纷纷发起设立地方“一带一路”相关基金，打造“一带一路”融资服务平台，致力于为“一带一路”框架下的全方位合作提供金融服务和融资支持。金融基础设施互通不断完善，成立相关基金提供资金支持，创新融资机制和金融服务，多地提出建设金融中心规划。

6. 民心相通基础初步形成

“一带一路”倡议提出以来，各省区市积极传承和弘扬丝绸之路精神，和沿线各国广泛开展人文艺术交流和教育旅游合作，使民心相通成为“一带一路”建设的坚实基础。

二、省级产业政策必须反映本区域特点

产业政策必须反映本区域的特点，这是所有研究产业政策的学者都不会反对的观点，但是本区域特点的内涵正在发生变化。在产业化初期，特点主要是针对资源特色和地理环境而言的，可以把它称为硬件特点，这是一般不能改变的特点。如改革开放之初，沿海地区凭借优越的地理环境，以较低的物流成本大量获取“来料加工”从而形成“大进大出”的发展模式。人口、土地以及环境的红利等，在当时的背景下，内陆地区同样拥有，但比较关键的地理环境，就成为内陆地区弱项。随着“大进大出”模式的转化，资源的重要性开始显现，于是西部迎来了发展的机遇，大量以资源为发展条件的产业不断在西部落户，从20世纪末到21世纪前15年，西部成为我国经济增长的重要区域（见表4-3）。总体上看，上述以硬件为条件发展的模式是工业初级阶段的特点。

表4-3　我国东西部地区发展情况比较

年份	年均GDP增速/%		产业特点	
	东部	西部	东部	西部
1980—2000	9.1	6.7	加工贸易为主，逐渐淘汰落后产业，发展新兴产业	产业结构变化慢，模仿学习东部，对新产业不敏感
2001—2015	8.9	9.2	总体上不断调整产业结构，但经济周期影响发展速度	承接东部产业，注重特色，发挥资源和政策优势

随着工业化水平进入中高级阶段，产业开始产生对文化、科技、人才、制度、政策等因素所构成的区域营商环境软件要求的依赖。在中高级工业化发展中，全要素生产率中的科技和人才作用越来越重要，资本有机水平的提高更加依赖科学技术、人力资本和制度优越带来的生产效率。如20世纪40年代中期，第二次世界大战的战败国德国和日本，在国家有形资产遭到巨大破坏背景下，却在短时间内，奇迹般

地使经济迅速得到恢复与发展，而有些战后独立的国家，经济增长却比较缓慢。这其中的差别就是人力资本的作用，作为一种反映人的综合能力和未来素质的指标，人力资本是人的体力、知识、技能和劳动熟练程度的综合能力和素质的总和。资本存量和劳动力数量的增加，只是经济增长的一小部分推动力，人力资本的提升即劳动者智力结构和质量水平的提高，才是经济增长的关键因素。战争虽然摧毁了德日两国的物质资本，但并未破坏人力资本，人力资本在经济恢复中发挥了决定性作用，绝对助力其跻身于世界发达国家行列。

在中国，政策也是一个非常重要的影响产生发展的因素，因为中央政府通过政策发挥非常强的资源配置权力。此外，主观的发展理念、文化精神、机遇意识也能从当地产业政策中反映出来。在当前经济面临极大下行压力的背景下，尽管西部发展的势头较好，但是，我国的产业优势和科研力量主要还是集中在东部沿海，能够在新一轮最早从结构优化、质量提升角度实现高质量发展这一战略高位的，还将是东部沿海地区。

三、省级产业政策必须助推区域发展

我国的自然资源相对集中分布在中西部和东北地区，人力资源又集中分布于东南部地区。改革开放以来，东部沿海地区凭借临海优势先行对外开放，经过多年的发展又形成了东部地区发达、中西部地区相对落后的局面。在这样的背景下，省级产业政策显示出极其重要的功能，对区域发展产生着巨大的作用。

省级产业政策对区域发展的作用主要是通过区域产业政策来体现的。区域产业政策有两种，一是在省域内某大区域颁布的产业政策；二是毗邻省联合制定的产业政策，主要包括区域产业结构、产业组织、产业技术和产业布局政策。结构政策是目标核心，它决定区域产业结构的合理化和高级化；组织政策是手段，它决定产业结构规模和竞争秩序；技术政策是动因，它直接影响产业结构的高级化和合理化；产业布局政策是载体，它决定产业空间经济效率及其结构的有机性。

区域产业政策作为省级产业政策的基本形式，要发挥较好的作用，必须具有综合协调功能，促成部门协调统一、增强合力，推动产业结构合理优化。必须具有动态协调功能，产业发展的动态性决定了产业政策目标和实施手段处于动态协调过程中，这要求地方政府必须遵循因时、因地制宜的原则，在动态中协调。必须具有能动反馈机制，由于产业政策实施涉及很多关系，如处理好中央与地方、地方与地方、政府与企业的关系等，通过能动协调，可以有效杜绝很多问题的出现。

我国地区经济社会发展差距逐渐拉大的问题已经成为发展中的一个大问题，若不及时解决，最终会引发一系列社会矛盾，影响经济健康和社会稳定，危及国家整体利益。所以处理好省级产业政策与区域发展之间的关系有重要意义。产业政策的出发点和着力点是协调和引导，区域发展具有较强的复杂性和关联性，这就要求产业政策去引导协调。我国各省的产业政策有不少是非常具体的，会规定在一定时期内，对不同产业采取不同的措施，其本质是调整资源要素的产业分布，促进结构优化和高质量发展。但是，我国严格的行政管理体制，使一省的省级产业政策在毗邻省跨界领域没有任何权威。近年来，我国京津冀、长三角和粤港澳开始实现跨区域合作，但这对于星罗棋布的跨省经济区域没有太大的共性参考价值。例如，长三角和珠三角是由于市场化的要求而形成的，而京津冀以及粤港澳是以政府推动为主，显然，前者的形成和发展都快得多。

为了使生产要素在合理空间区域进行科学组合，地方政府需要在省级产业政策基础上协调毗邻区域关系，使产业优化落实到特定的区域空间。这样省级产业政策就提升为区域政策，二者的总目标一致，即优化生产要素配置，提高综合效益。前者立足解决省域结构优化，后者是地区结构优化，二者是相互促进和相互制约的，不能相互取代，也正是因为省级产业政策不能解决区域问题，才需要区域政策的配套。我国省界划分不能完全体现经济区域的特征，如果产业政策不结合区域来进行，将不可能实现跨省区域资源的最佳配置。要使省级产业政策得到毗邻关系区域的响应配合，最重要的是充分利用市场的作用，同时需要配套实施体现区域特性的区域政策，实现产业政策地区化、地区政策产业化，使产业政策与区域政策结合，以实现省级结构优化和区域结构优化。

阅读资料 10

我国改革开放以来地区经济出现非均衡问题的发展轨迹

首先是地区经济发展不平衡阶段。20 世纪 80 年代后，我国产业布局重点在东部地区，其高速发展对中西部地区没有产生联动效应，东部地区又不停地发展长线产业，使具有资源优势的中西部地区的能源、原材料产业未能得到发展，加剧了全国性基础工业与加工工业的失衡。

其次是地区与产业发展不协调阶段。我国地域辽阔，东部临海对外交通便利，适应于“大进大出”的初中级来料加工产业发展。沿海又是开放的前沿，在国家生产力高速发展的背景下，本来应该不断进行生产布局的优化和产业结构调整，但我国对东部产业实行了长时期的全面倾斜。这就使西部产业没有与东部产业形成更替式的迭代关系，不仅影响了全国产业的高级化过程，也同时阻碍了中西部的能源、交通运输等基础产业的发展。我国产业发展的不协调局面逐渐形成。

最后是省际间的经济封锁与摩擦加剧。20 世纪 90 年代，我国产业的同质化现象严重，初中级产品开始出现过剩状况，部分省进行贸易封锁和原料资源争夺，加之政策和价格体系的双重不合理现象，使本身具备原料和初中级产品优势的中西部地区不能得到应有的发展。同时中西部地区向东部地区提供原料和部分初级产品后又成为东部的市场，这就加剧了地区间的不平衡。为了发展产业，部分有条件的中西部省（区、市）开始重起炉灶，效仿东部踏入中低端行业，由此进一步加剧了产能过剩，区域间的贸易封锁和争夺原材料替代了区域间的合理分工协调。

直到进入21世纪，国家开始高度关注区域间发展的差异性问题，逐步实施了“西部开发—东部振兴—中部崛起—东部率先”的地区差异性政策，我国区域和产业结构趋同现象开始得到遏制。

这说明，在GDP和利润追求的驱使下，地方完全可能迅速进入投资少见效快的产业中，而忽视区域平衡和基础产业的发展，导致区域产业结构雷同和国家产业结构失衡。这种现象大到一个国家，小到一个地区，都会发生。而解决问题单有产业政策没有地区政策，缺乏空间和地区基础，限制和支持的政策都难以发挥作用。而正是通过产业政策和区域政策的有机结合，把产业政策的要求具体到区域，才有可能在一定区域实现资源的优化配置，实现大区域结构的优化。

四、省级产业政策必须遵循国家产业政策

省级产业政策的实施限定在特定区域，但是我国的每一个省都是国家全局的一部分，省级产业政策的出发点之一就是要了解国家的产业发展、政策趋向和地区布局问题。我国产业布局自改革开放以来表现为“非均衡—均衡—非均衡协调”发展的演变，反映了国家产业布局与省级产业政策的不断融合。随着我国20世纪80年代后期非均衡发展战略的实施，国家经济出现区域间差距和地区经济壁垒等问题。根据区域成长理论，在经济发展的早期，区域成长差距将扩大；随着经济成长，差距将趋于稳定；而达到发展成熟期，区域差距逐渐缩小并倾向均衡成长。这样的理论在一定程度上影响了我国的产业政策。在宏观战略上，改革开放之初我国发展重点是东部沿海地区，这其中除了产业政策的作用外，其实与“大进大出”的进出口贸易有很大关系，宏观政策只是顺应了这个趋势。在这样的大背景下，地方产业政策即便想逆势而进也是不可能的。这也说明了中西部在此阶段与东部沿海迅速拉开了差距，地方产业政策只能顺应国家大政方针，在产业政策上相互呼应，才可能寻求到符合自己地方特色的发展之路。

在国家与省级产业政策的关系上，既要注意二者的契合度，也要考虑地方政策的灵活性。产业政策必须在具体的地区范围落实，在宏

观层面，的确存在区域产业布局问题。20 世纪 80 年代后期我国实施的非均衡产业布局，客观上导致区域间差距拉大，并产生行政区域间的经济封锁等现象，但非均衡是为了最终的相对均衡，从不均衡到相对均衡是个相互作用、相互转化的过程。转化的过程因国情和发展阶段的不同而不同，但是我国应注意区域间的差距不能过大，否则就可能出现很大的两极分化，造成实现平衡的极高成本。因而在非均衡发展阶段，需要必要的协调。这是我国区域的主体功能、经济技术基础和社会历史背景等差异所决定的，我国各级政府在非均衡发展阶段，要正确处理好沿海与内陆、东部与西部的关系，利用各自特点、扬长避短、发挥优势，使不均衡尽可能小。在从计划经济向市场经济转变过程中，市场经济发展规律对产业布局的影响明显增长。各地区在区域经济发展中，一方面依然紧靠中央，服从大局，贯彻落实国家产业政策的要求；另一方面又必须面向市场，在地区经济交流中发挥自身优势，寻求本地区发展的机会。

此外，还应实现国家与地区主导产业的高度协调。确立不同功能省（区、市）的主导产业是产业政策的基本内容，在动态上，省级主导产业因时因地而异，但也具有共同特征。主导产业需要既是全国产业体系中同类产业的主要基地，又是区域经济增长的主动力，构成区域经济的主体和核心。

对地区主导产业的选择既要符合国家的产业政策，同时又要以地区的区位优势作为基本依据，以充分发挥地区优势为目标。国家宏观调控主要是对各地区主导产业进行引导，这种引导应该逐渐以发布《国家产业发展白皮书》（以下简称《白皮书》）的方式进行，除了涉及重大国家战略性产业外，《白皮书》从国际国内的发展大趋势出发，全面阐述各产业的发展现状和前景，包括对市场的分析等，这就为各省制定产业政策提供了完备的背景信息，使各省从市场的发展趋势和本省的实际情况出发来选择产业发展方向。这既体现了政府的引导，又充分发挥了地方的积极性，也让市场在产业发展中起到了很好的作用。总的来说，我国省级产业政策要遵循国家经济社会发展规划的总体目标，遵循国家主体功能区规划的基本要求，综合运用经济手段、法律手段和必要的行政手段进行调节，引导企业和投资主体自主作出投资决策。

第二节　省级产业政策对微观行业的影响

一、引导市场以及企业组织结构的形成

一般情况下，省级政府是通过产业管理部门发布产业政策的，内容非常具体，指向非常明确。如上海市在 2019 年发布了智能制造行动计划，不仅提出了具体定位、目标，还提出了打造两个集群和六大行动计划，非常具有操作性。

阅读资料 11

上海智能制造三年行动计划

2019 年上海市智能制造推进大会发布了《上海市智能制造行动计划（2019—2021 年）》（以下简称《行动计划》），《行动计划》提出，到 2021 年上海将打造成为全国智能制造应用新高地、核心技术策源地和系统解决方案输出地，推动长三角智能制造协同发展。

创新能力进一步增强。实现 100 项“卡脖子”的智能制造装备、工业软件与关键部件首台套（首版次）突破；全力打造汽车、电子信息两个世界级智能制造产业集群。

实施智能制造“六大重点行动”。持续实施重点领域补短板行动，突破一批关键技术装备和核心零部件，攻克一批智能制造共性技术与软件，培育壮大一批智能制造系统解决方案供应商，实现硬件更高端，软件更智能，集成更协同。

重点行业智能制造推广行动。推进汽车、电子信息、民用航空、

生物医药、高端装备、绿色化工及新材料等行业的智能化转型和新模式应用，推动优势产业集群化，新兴产业规模化，特色产业高端化，打造具有较强竞争力的产业集群。

平台载体提升行动。打造“一核一带”智能制造产业集群，“一核”是临港世界级智能制造产业中心，“一带”是由浦东、闵行、嘉定、宝山、松江等区域形成的智能制造近郊产业带。

区域协同发展行动。推动长三角智能制造协同发展，在标准制定、应用示范、产业链对接、人员互访交流等方面全面深化合作；加强国际交流合作，加快上海企业走出去步伐。

新兴技术赋能行动。推动5G、人工智能、大数据在智能制造的深度应用，建立若干个典型应用场景，实现5G广泛应用、AI深度赋能、数据全面驱动。

跨界融合创新行动。把握设立上海自贸区新片区的发展机遇，创新智能制造产融合作模式，推进智能制造与生产性服务业融合，实现多维一体，机制创新，跨界融合。

上海的《行动计划》对市场的引导作用是明显的，一是它并没有直接要求企业必须去做什么、怎么做；二是它对微观行为指出的是方向性的目标；三是它对市场是以间接指导性特性出现的，对于微观主体行为的导向必然使市场发生相应的变化，从而引导了市场。指向相对明确的产业政策会对企业组织结构产生直接的影响，随着产业层次的提升，单一企业要完成产品的研发到推广至市场已经不可能，于是分离出专门的科研开发和实验机构，生产环节也出现了两极分化现象，一极向大规模企业集团化方向发展，一极向专业化细分方向发展，甚至还出现了专门的代工企业。

上海的《行动计划》所发出的重要信号是，企业应集中精力明确主攻方向，统一行动形成强大合力。这既引领了今天的产业又预期了未来的市场。

二、带动新兴企业发展

省级产业政策往往是直接对企业提出行动目标，从重庆市“九五”

到“十三五”规划（计划）中有关产业政策的表述以及同期产业政策所重点关注的产业发展情况，总结出以下几个特点。一是产业政策对产业持续发展起到了重要作用。一些产业从“重点行业”发展为“优势产业”再打造为“支柱产业”。2000—2019 年重庆市的汽车摩托车和化学医药工业规模以上增加值分别增长 17 倍和 10 倍左右，充分体现出产业政策的延续性和对产业发展的推动作用。

二是促成了特色产业集群的形成。纵观重庆五个五年规划（计划）中的产业政策，政府根据科技进步、市场需求等对重点战略新兴产业进行调整，逐步形成了围绕终端产品而产生的产业集群。提出以集群化、智能化发展为基本路径，壮大现有产业，培育新兴产业，打造以高端制造业为代表的战略性新兴产业集聚中心。一大批产业集团从小到大，由弱到强地成长起来。与此同时，围绕电子计算机整机和主要产品，产生了近千家中小配套企业。而受资源环境市场的影响，另一部分产业规模逐步缩减，企业数量大幅度减少，如纺织、建材、食品行业，据重庆统计资料显示，从 21 世纪初到 2019 年，这三大行业的产值占整个工业产值的比重分别下降 14 个、11 个和 17 个百分点，可见产业政策对企业发展产生了深远的影响。

三、推动产业链的形成和延伸

重庆市自 2005 年以来，产业政策集中在电子信息和化工医药产业，不到 10 年的时间，就形成了以电子计算机整机制造为核心，在周边区域建成了上千家零部件配套厂家，并逐步拓展到通信设备、物联网、信息产业、数据开发处理、电子核心零部件等若干产业链条。

重庆产业政策基本遵循了产业成长中“上规模—提质量—调结构—多链条”的发展规律，针对不同阶段的特点，其产业策略的重心有所区别，取得了“无中生有”形成产业链、“有中生新”升级产业链、新兴产业发展聚集产业链的良好结果。

四、促进产业结构调整

任何产品都有生命周期，任何产业政策都不可能永远适用。所以，产业政策要遵循经济规律，按照产品生命周期理论做好产业结构优化升级。

重庆进入 21 世纪以后，汽摩产业和电子设备逐渐成为全市的支柱产业（见图 4-1），汽摩产业尽管也在不断调整产品结构，但周期性已经明显表现出来。

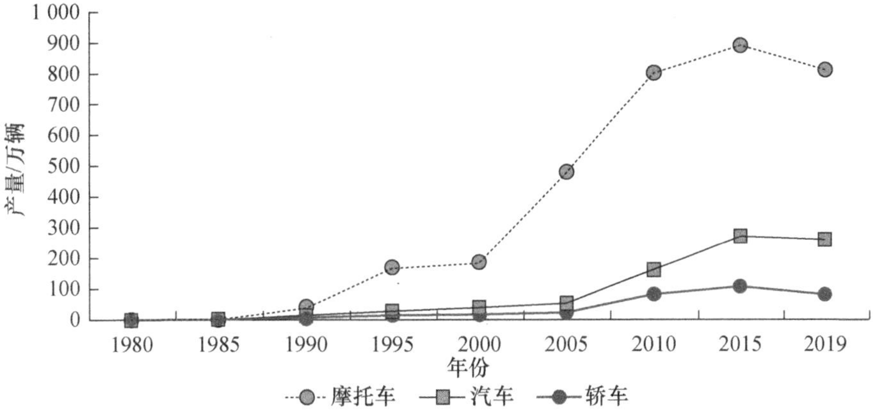

(a) 汽摩

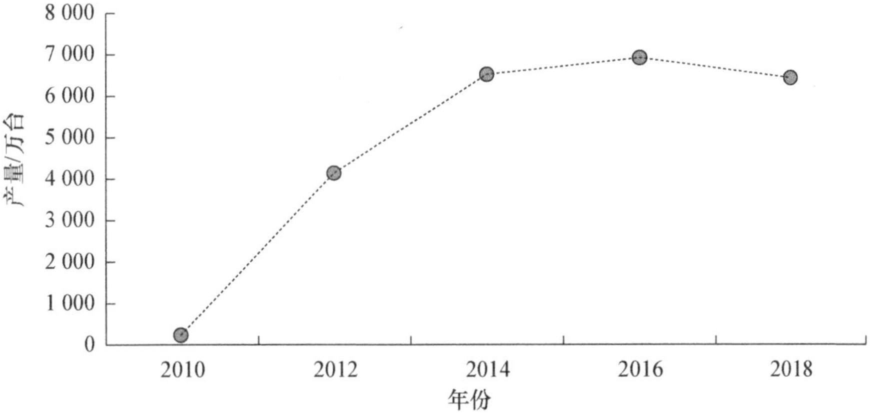

(b) 微型计算机

图 4-1　重庆市汽摩和微型计算机产量变化图

注：汽车包括乘用车和商用车，一般乘用车特指七座以下的轿车和 SUV，商用车包括客车货车等，农用车不在此列。微型计算机主要是笔记本电脑，还包括显示屏、电子打印机等设备。

重庆在产业发生变化的过程中，产业政策一直在根据产品生命周期进行调节。微型计算机产业在重庆是从无到有，培育起苗子后就迅速“做乘法”，不到3年时间重庆就引进6家整机厂和布局近千家配套企业，成为中国中西部最大的笔记本电脑生产基地；对汽车产业是连续多年“做加法”，在两个五年规划过程中，逐渐引进各类汽车厂家，到2015年重庆市已经拥有几乎包括从微型车到重型车的各种系列，国内外厂家在重庆落户的数量最多，重庆曾经一度跃居我国汽车制造规模第三名。而对于落后的传统化工钢铁中小企业，从21世纪初就开始“做减法”，关闭12个中小钢铁企业，集中产能做大重庆钢铁公司，关停一批小天然气化工企业集中气源打造长寿天然气化工产业园区等。

五、推动产业高质量发展

我国的产业现状就其综合平均水平而言，在世界上并不处于领先地位，在一些关键核心环节还处于被别人“卡脖子”的状态。所以，省级产业政策要致力于推动产业高质量发展就成为其引导微观企业的重要任务。当今世界，新技术层出不穷，尤其在大数据、人工智能、互联网等新技术赋能的背景下，产业结构和水平不断提升。如果省级产业政策不反映并重视这一重大趋势，必然导致曾经的优势产业逐渐成为落后产业，集聚的产业集群和产业链条也会变化，甚至走向破产。省级产业政策只有不断地推动产业高质量发展，才能使产业在创新和高新技术引领下，立于不败之地。

第三节　省级产业政策对中观经济的影响

一、保护环境资源，优化资源配置

省级产业政策的调控对象具有复杂性，如主导产业主体的多变，可能带来对资源配置的巨大影响。美国在20世纪90年代初集中力量建设信息高速公路，不仅占用大量人财物资源，而且投巨资进行技术储备，但从2000年下半年开始，信息产业因投资过度引起了供给过剩，导致了科技股泡沫破灭后的股灾，美国政府又转向发展精密智能产业，这对资源配置产生了较大的负面影响。

客体间的矛盾也会影响环境和资源。新型工业化道路包括以信息化带动工业化、以科技创新增强竞争力、以可持续发展充分利用劳动力资源等，这些内容从根本上说具有一致性，但在现实中也存在矛盾。信息技术应用引起资本有机构成提高，产业结构调整产生失业工人，追求较快经济增长导致资源枯竭、环境恶化，引进技术诱发自主创新能力弱化……这就要求地方产业政策直面矛盾。长远与眼前利益冲突也会导致矛盾。新型工业化道路目标宏伟，但周期长，而现实的考核机制完全可能促使地方产业政策倾向短期即时的成绩追求，这样就会导致掠夺性开发利用资源、盲目投资、重复建设、产品结构趋同等问题出现。

科学的省级产业政策必须在保护环境和资源配置上克服上述几大问题。省级政府需要通过产业政策去弥补市场失灵，使优势企业能够获得更多的资源配置，通过对我国企业数据库进行分析发现，省级五年规划的重点产业政策将资源导向生产率更高的企业，进而提高了产业的生产效率。如张莉等人在 2017 年运用 2007—2015 年的工业土地出让数据，发现产业政策导致地方政府对重点产业出让更多土地，对土地资源配置起到了积极作用。

如果仅从资源配置角度来研究问题，还不能完全说明产业政策对环境的影响，例如空间配置效率就是一个十分重要的指标。因为产业政策导致产业配置更多土地资源，并不能一定带来空间分布的集中，如果某一产业在地区之间的分布均匀，省级以下的政府产生强烈的竞争行为，反而使空间布局更加分散，扭曲了相关产业的空间合理分布，降低了资源空间配置效率。这既使资源的利用效率下降，也同时带来对环境的影响。以化工为例，如果一个省的化学工业遍地开花，就势必导致供电、供气、废物处理等分散，在抬高产业成本的同时，也会严重影响环境。

我国各省都经历过土地财政这个阶段，地方政府出让土地不仅获得财政收入，同时还可以引进资金。以劳均固定资产投资作为官员晋升竞争的代理变量，可以看出各省份的土地出让面积与官员晋升竞争之间存在显著的正相关关系；省内规模相近的地市之间存在工业用地规模和出让方式的相互模仿行为，甚至晋升也会直接影响官员的土地出让行为。这是省级产业政策设计过程中要十分注意的问题，当然外部也需要为之创造良好的氛围，如对官员的考核不能唯GDP论。

二、扶持先进产业，淘汰落后产业

省级产业政策是以形成地方特色、强化行业的关联性和主导性为主要目标制定的。所以它应杜绝传统的门类齐全体系的观念，杜绝在产业结构上追求“大而全、小而全”的观念，而是根据自身比较优势选择发展主导产业和支柱产业。在有比较优势的前提下，省级产业政策会有力地促进行业关联性和主导性，使先进产业的联系紧密，并形成良好的分工协作，大大提升生产专业化程度。资金和技术进步等因素随即产生联动效应，产业产生创新能力，产品更新换代快，市场适应性强。这一过程自然对落后产业产生淘汰效应。20世纪90年代，重庆市在强大的兵工企业基础上，选择了中国最早生产吉普车的长安汽车厂作为汽车生产带头兵，逐渐形成了品种多样、质量分级、商用乘用车兼有的庞大汽车产业链，并围绕整车建立了数千家零部件制造配套企业群，使汽车产业成为重庆的最大支柱产业。与此同时，一大批小型机械化工纺织企业被淘汰。省级产业政策也同时引导了企业组织结构的优化调整，通过实行扶优抑劣，鼓励拥有优势产品企业、拥有自主知识产权的高科技企业和出口竞争能力强且经济效益好的企业为龙头，兼并劣势企业或组织企业集团做强做大。而对产品积压、缺乏技术支撑、经济效益差的企业则取消一切扶持措施，不再维持其生存，促其走关停并转之路。对僵尸企业直接实行关闭。

三、推动传统产业改造，促使产业融合

我国经济发展到今天，产业政策必须是以提高产业技术水平为基

本导向，这主要表现为发展以自主创新为基础的新兴产业和运用高新技术改造传统产业两大方面。传统产业是我国国民经济的主体，企图将传统产业迅速升级到一个全新的高度是不可能的，要遵循产业发展规律，以提高劳动生产率，增强综合竞争能力为目标，运用新技术对传统产业赋能，使之获得新的发展手段，焕发新的生机活力，实现技术进步在传统产业中的全新含义。以推动高新技术对传统产业的改造为目标制定省级产业政策，不仅会实现技术政策与产业政策的融合，还能有效推进不同产业的融合。因为现代技术的通用性已经大大提高，复杂产品对多技术多领域的覆盖面越来越广。现代汽车制造早已超越机械的范畴而延伸至电子、自控、遥感、物流以及航天等学科，将二三产业融合在一起；同样，现代农业也已经从简单种植深入到分类、加工、生物、基因、物流甚至期货等领域，将一二三产业深度融合。

四、发挥地区比较优势，强化大区域专业化分工

省级产业政策从某种角度可以理解为是全国产业“大布局”框架中的各省产业的“小布局”，具有更强的针对性和时效性。例如重庆市早在 20 世纪初就开始对主城区产业进行专业化调整，从空间布局角度上将所有的中小化工企业集中到远离市区的郊县，建立化学工业园区，集中供水供热、集中污水处理、集中进行污染防控；在城市用地上加强专业化调控，对占地多、产出少的企业向城市外围转移，有限的土地优先用于完善城市综合服务功能，发展现代服务业，有效实现“退二进三”①；对于中高水平的实体经济企业，进行专业化布局，既保证实体经济的实力，又力求经济效益好、环境保护好、竞争能力强。要形成能发挥地区比较优势的空间布局，地方政府应在中央总体要求的前提下，积极并能真正把握住自己的比较优势，这样的省级产业政策才会更具体也更容易落地。

① “退二进三”指缩小第二产业，发展第三产业。

第五章　省级产业政策发展及变革

第一节　省级产业政策的必要性分析

一、省级产业政策是提高地方政府经济治理能力的需要

党的十九届四中全会指出要“加强系统治理、依法治理、综合治理、源头治理，把我国制度优势更好转化为国家治理效能”“要完善国家行政体制，优化政府职责体系，优化政府组织结构，健全充分发挥中央和地方两个积极性体制机制”。具体到产业政策上，就是要根据地方国民经济发展规划要求，制定和实施产业政策并发挥其在完善市场机制和市场结构、加快资源配置优化过程等作用，这是各省协同建立社会主义市场经济的重要工作。建立社会主义市场经济体制的一个重要目标是使市场对资源配置起决定性作用，但是历史经验证明，市场存在自身固有的弱点，要克服这些弱点，就要充分发挥政府职能的作用，这也是推进地方政府治理能力和治理水平现代化的重要内容。

二、省级产业政策是充分发挥区域比较优势并实现地区主体功能的需要

新中国成立 70 年来，尤其是改革开放以来，经过不断的自然演变和经济社会的大发展，我国各省间形成了明显的地域性差别。这些差别有些是自然资源禀赋的差别，也有发展中逐渐形成的经济、科技和文化等方面的差别，形成了各省独特的省情，也决定了各省的主体功能特色。任何地区都不可能超越所处环境条件和自身经济社会条件去

寻求发展，只有充分发挥比较优势，才能获得最优发展。一个省的主体功能就是由这个省区域内的资源禀赋、发展现状及发展潜力决定的。因此在国家整体利益的基础上，充分考虑发挥地区比较优势，充分发挥主体功能作用是制定省级产业政策要遵循的最基本原则之一。这样的产业政策能妥善处理国家与地区的关系，在推动地区发展的同时，实现了国家的大局利益，发挥了中央地方两个积极性。

三、省级产业政策是培育新产业和规模发展的需要

新产业培育是各省产业政策的目标之一。我国经过长时期的发展，已经形成了比较完整的产业体系，新产业是适应科技发展需要而产生的，不能完全将新产业与传统产业割裂开。对一些传统产业进行新技术的赋能，就可以实现产业的转型升级，这对于工业基地类城市是非常重要的。通过新技术的支撑、新环境的营造，不仅能培育一批新产业，还能稳步推进传统产业转型升级，使本地区在新产业的发展上取得领先地位，并吸引更多的资本和企业向本地区的集聚，有利于培养地方新产业的市场竞争力。

规模发展也是省级产业政策的重要目标之一。随着消费长尾效应的出现，大规模的生产模式越来越不适合现代产业经济的可持续发展。但是从共线生产、通用零部件以及化工中间体等生产形式和产品发展看，规模生产并非能完全退出历史舞台。所以，对参与产业转型升级的行业和企业，在扩大生产规模、市场规模以及产业集聚等方面进行政策激励指导，是省级产业政策应该关注的，其政策效果就是通过对新产业规模的激励，形成产业转型升级中的规模经济。但是要注意规避在新产业的技术、市场和环境没成熟时的“拔苗助长”行为，使新产业产出规模脱离市场需求，造成新的市场过剩和不可持续发展。

省级产业政策对新产业培育激励和规模发展激励的选择，不仅与产业发展的自身规律有关系，也与我国政府执政特点有很大关系，如省级政府主要负责人的执政期限就会影响产业政策的选择。一般说来，执政期限越短，越容易使执政者选择规模激励，因为能快速显现政策

效果。从产业发展规律角度看，当新产业技术和市场经营条件基本具备并能为地方经济作出贡献时，政府会倾向于规模激励的政策选择；反之如果新产业处于研发阶段，则会作出培育激励的政策选择。遵循产业发展规律是最基本的原则，干部制度能够保持相对的稳定，把遵循产业发展规律与干部任免制度结合起来，以形成产业转型升级的强大正能量。改变干部考核制度，将主要干部的政绩建立在长远发展和可持续发展的基础上，与此同时，我国各级领导干部都应该建立科学发展的思想，从全局、长远、协调和可持续等方面去推动产业的发展。

第二节　省级产业政策存在的主要问题

一、突出优势特色不够，取舍不当

长期以追求经济规模为发展目标的思想，导致各省产业政策的通病是求全求大求规模求能力，这就容易出现忽略主体功能和特色优势的问题，省级产业政策往往不顾市场经济和社会分工的客观要求，仅以自成体系的现代化工业生产基地为目标。凡是原来有的产业都不愿意舍去，凡是新出现的产业都希望能到本省落地，即便是完全不占优势且无条件发展的产业，也要提出“大力发展”，反而有条件可以突出发展的重点行业，又不集中力量加快推进。这就不可避免地带来产品同构现象。从20世纪80年代以彩电、冰箱为代表的家电制造业到90年代以汽车、钢铁为代表的重工业再到2000年以电子信息、生物医药为代表的新兴产业以及近年以大数据、云计算、人工智能为代表的信息产业无一不是各省制定产业政策的重点。如此下去，重复投资成为必然，产品同构成为趋势，中低水平过度竞争势必形成，不仅降低了有限资源配置水平，同时会形成不合理的产业布局。

二、对科学发展规律把握不够，盲目追求高新

“十三五”时期以来，高新技术产业成为我国经济的重要增长极，

各省重视高技术产业发展与培育无可厚非。但这应该是建立在对本省省情充分研究的基础上，而绝非盲目跟风，简单以高新为荣。以各省近三个“五年规划”的重点产业选择为例，在同一时期，最多有 29 个省份集中对某几个相同产业领域做出重点发展的部署。高科技产业的发展有着自身的规律性，我们已经不可能再走效仿和拿来主义的老路，而必须按照基础、应用和开发研究的要求，走自己的高新产业发展之新路。我们并不排斥引进国外的高科技成果，但是要警惕西方势力对我们的封锁，因此必须在一些关键的领域有自己的核心技术。科学技术的发展规律还体现在它是个高投入、高回报、高风险的产业，如果不遵循客观规律，不分析自身条件的优劣，盲目追求产值和回报，跟风大上自己毫无基础的高新技术产业，不仅在产业上毫无建树，还同时助长高科技产业的恶性竞争。已经具备了基础能力的省份就应该遵循科学发展规律在一些关键领域形成自主核心技术。

三、对省级产业政策主客体的变化特征认识不够

作为省级产业政策主体的决策者需要有宽广的视野、不断更新的知识和实事求是的胸怀。这一点就目前看还存在较大短板。在视野方面，经济全球化、科技革命迅猛发展的背景使省级政府制定产业政策的地位和作用发生变化，从相对狭隘的关注本省产业自身发展改变为密切关注国际产业结构升级转移国际规则变化、国际市场情况等，需要我国省级政府对产业政策的研究视野从省域上升到国际。党的十八大以来，尽管我国省级地方政府加强职能转变，但政府对省域内经济社会事务管理过细、管理边界模糊的现象仍然存在。在我国社会进入新时代后，新事物层出不穷，旧矛盾盘根错节，新矛盾不断产生，政府工作人员逐渐忙碌于日常事务中，缺乏对世界产业发展大趋势的把握和研究，对产业规律在新形势下的新特征难以把握，这就很难具备全球视野来深入研究新型工业化的发展，也就难免在制定产业政策时重视局部、忽视全局，重视本地、忽视国际，重视具体、忽视系统，重视当前、忽视长远。这样的省级产业政策其创新性、预见性差，难

以形成正确的政策导向。

知识的局限也是影响省级产业政策科学性的重要原因。我国省级政府干部近年来虽然都有较高的文凭，加之一批高学历、高职称的技术人员加入各级领导干部队伍，的确为科学制定产业政策提供了一定的知识保证。但由于当今世界新产业建立在不断更新的技术基础上，除20世纪80年代以来迅速发展的信息产业、生物工程、微电子技术外，进入21世纪，以大数据、云计算、区块链等为代表的新技术日新月异、层出不穷，知识更新速度加快，以陈旧知识结构难以出台新科技条件下的产业政策。在这样的背景下，如果不加强系统的学习，知识局限就成为必然。

作为省级产业政策客体的产业也呈现出新的特征。首先是科学技术的进步使主导产业呈现快速替变。以我国家庭用品为例，20世纪90年代初，大规模的家用电器成为各省发展的主导产业；进入21世纪，家庭乘用车和农用车又成为各省青睐的产业对象；而近几年，各省重点发展产业又转向以发展现代信息技术为基础的“精密智能”制造产业。这一演变过程告诉我们，制定省级产业政策需要特别关注新科技带来的新趋势新特点。其次是产业快速更替产生新的矛盾。工业化现代化道路包括以现代科学技术带动工业、以科技创新增强综合竞争力、保持可持续发展以及充分利用劳动力资源等。现代化技术应用必然提升资本有机构成，产业结构的优化也会出现产业退出而产生失业工人。如果结构转变中片面追求高经济增长，又可能导致资源枯竭，并影响环境。这些矛盾在工业化快速更替过程中有可能会得到较好处理，也有可能更为尖锐，成为制约经济发展的瓶颈。第三是长短利益的冲突。省级产业政策遵循国家的大政方针，按照现代工业化道路的宏伟目标要求制定而成，战略性和全局性强，实现的周期也比较长。但从以往的经验看，部分省级产业政策追求短期性和时效性，特别是在一些以近期目标为主体的干部考核机制下，单纯的发展速度成为政绩的主要取向，这更加剧了地方官员对当前利益的追求而忽略长远发展。因此，省级产业政策必须长短利益结合，以长期可持续发展为主。这既需要政治体制改革和政府职能转变，也需要调整产业政策的决策方法。以往省级产业政策一般采用渐进式的方法，在原有政策基础上通过局部修改调整，由点到面、先易后难，这在一般形势下的确是行之有效的方法。但在现代科技迅速发展、经济全球化加速的大背景下，现代化工业与传统工业道路大相径庭，既有的产业结构和决策思维削弱了吸收新信息的能力，导致决策者的观念囿于那些与旧知识相接近的观念中，这就完全可能落入认识方法、行为方式和决策模式的路径依赖。所以用基本维持现状为主基调的修正性省级产业政策，是不可能推动现代化工业形成与发展的。

第三节　省级产业政策的新定位

良好的省级产业政策应该起到包括引导产业结构优化和质量提升，并保持产业发展的可持续性。产业结构优化升级涉及的面很广，诸如产业组织、竞争格局、生产体制、技术研发、产业布局等。进入 21 世纪以后，科学技术对产业发展起到至关重要的作用，所以我国省级产业政策必须顺应历史的发展趋势，用科学的理念和全面深化改革的精神，保持原有政策的科学要素，同时结合时代的要求，赋予一些新定位。

一、以强化产业融合与关联为主要取向

产业融合是随着社会化大生产和科学技术的飞速发展而形成的一种趋势，从单一产业到发展门类比较齐全的工业体系转型是正确的，但一些省市从狭隘的地方利益出发，割裂认为对自己不利的产业链及其体系，致使部分省市曾经一度竞相发展一般加工工业。这本质上是一种倒退，它导致部分省市不根据自身的比较优势来确立和发展主导支柱产业。这使产业结构缺乏行业关联性，企业联系松散，分工协作性差，使进入各产业的资金技术等要素缺乏联动效应。这种效应在传统产业时代表现为对先进技术的消化吸收差、创新能力低、产品更新

换代慢、市场适应性差等问题。从现代经济角度看，就是割裂了产业间的有机融合，以农业为例，纯粹的种植业如果不与科研、分拣、加工、物流以及金融期货等二三产业融合，要迈入现代产业是绝对不可能的。因此，省级产业政策需要把产业融合作为政策的重要取向。

二、以提高产业自主核心技术为基本要求

近几十年，我国各省产业呈现出加速发展的趋势，水平不断提高，结构不断优化，质量不断上升，这其中一个重要的因素就是科技越来越发挥着重要作用。如果说我国 20 世纪 80 年代的省级产业政策是要努力引进先进技术，那么到了 90 年代就是消化吸收先进技术，而进入 21 世纪已经把重点放在注重自主技术的开发与应用上。如今，全力提升自主科学技术能力已经成为多数省份产业政策的基本要求。这种变化，除了国际形势和以美国为代表的西方势力对我国进行技术封锁等外部因素以外，也是国家产业发展规律和产业安全的需要。我国的产业发展已进入由规模推动型向技术支撑型的转变时期，要使中国的经济长期稳中向好，最需要解决的问题就是在关键领域实现自主技术的领先和关键技术的突破。任何国家产业在发展过程中都要经历从引进消化到自主赶超的转变，而实现后者就需要遵循科学技术的规律，来不得半点虚假和浮躁。借鉴发达国家的经验，从各省实际出发，对传统产业赋予高新技术新能量，增强国际竞争能力。同时，更重要的是以自主创新技术努力实现一批新产业的诞生与高质量发展。

三、以实现综合经济效益为主要目标

规模经济曾经是我国各省产业发展所追求的，主要通过充分发挥企业集团和产业链的作用以及企业组织结构方面的功能。在现代经济条件下，单纯的规模效益已经不是现代企业所追求的，现代企业要以综合经济效益为目标，省级产业政策的设计要鼓励企业从大局出发、从长短利益相结合出发、从环境保护出发，引导企业实现综合经济效益目标。各级政府的政策资源配置，都应该建立起这些理念。

四、将因地制宜作为制定政策的出发点

省级产业政策存在的基本出发点就是发挥各省的比较优势，形成更广泛区域的专业分工与协作，使不同的国土空间满足不同的功能，实现主体功能在空间布局的全覆盖。使国土空间的使用更加集约和高效就是因地制宜的核心内容。因地制宜的产业政策表现在城市用地上，其实就是将占地相对多而产出相对少、机械化工等对自然环境和人居环境有较大影响的企业引导向城市外围转移；将有限的建设用地优先用于满足完善城市综合服务功能。在具体布局什么样的产业上，应该充分遵循市场经济规律的要求，从原有产业基础、基本条件和发展潜力来考虑，只有这样，产业政策才能把握好因地制宜的出发点。

第四节　省级产业政策的转型改革

我国省级产业政策是随着改革开放的深化而逐步开始显现作用的，随着计划经济逐渐转向社会主义市场经济，各省市开始逐步强化产业政策的手段。特别是 20 世纪 90 年代经济高速发展时期，各省争相进行产业大干快上，纷纷发布产业政策。进入 21 世纪，产业调整任务开始变得艰巨，各省又利用产业政策引导发展高新技术产业。这一过程中，从中央到地方在产业政策制定和运用方面都积累了经验，取得了成效。但由于我国整体经济体制仍处于转型期，各省对发展内涵的认识具有差异，甚至在一个阶段唯 GDP 论英雄的思想还颇为盛行，加之近年的经济下行压力较大，这些综合因素难免使部分省份产业政策的制定和实施又重新回到行政计划方式，不从实际出发而是以规模为目标，使产业政策成为推动唯 GDP 增长的工具。这些问题在新形势的要求下必须得到纠正，省级产业政策必须转型改革。

一、省级产业政策必须保持与中央大政的协调性

中国是个大国，中国的经济体制是在党的领导下具有中国特色的

社会主义市场经济。中国各个省（区、市）也必须按照国家产业总体发展的要求，结合本省（区、市）的特点加以贯彻实施，形成国家的综合实力。所以，省级产业政策的终极目标是要保证国家的整体利益在本省的实现。要实现这个目标，就必须保持省级产业政策与中央大政的协调性，即把中央大政的基本原则与本省的实际情况相结合实现相互协调，要确保这种协调性，除了中央把握好集权分权关系外，关键是省级政府要坚决避免只顾局部，不顾全局的倾向；要坚决避免出现地方政策抵触中央政策甚至唱反调的倾向；要坚决避免阳奉阴违各自为政的倾向。由于产业之间存在着各种投入产出联系，社会再生产各个环节的经济技术活动也都有一定的相关关系，因此各项产业政策之间也是互相关联的，国家和地方的产业发展目标体系应该也是一致的，也就是必须保持中央和地方的协调性。

二、省级产业政策必须体现社会主义市场经济的特性

我国长期实行计划经济体制，计划指令、行政干预等形式被各级政府所熟悉和惯用。产业政策的制定与实施在很多人看来就是对经济活动的行政干预，习惯运用或者套用传统体制进行行政干预。省级产业政策坚持社会主义市场经济的大方向，必须要避免完全自由市场经济体制的放任与无政府状态，必须要避免走传统的政府高度行政干预之路，必须要按照市场经济规律的要求主要由市场对资源进行配置，必须要尊重微观经济实体面向市场进行适时调整。当前和今后一段时期，我国经济体制全面深化改革还处于攻坚阶段，省级产业政策必须体现社会主义市场经济的特性，即引导行业和企业遵循市场经济规律进行生产经营活动。

三、省级产业政策必须坚持对实践的宏观指导性

省级产业政策作为以促进和加快经济社会发展为目标的政策，应该具备对实践的指导性。这里的指导性完全不同于传统的指令性产业政策，而主要是通过产业政策对产业发展趋势和外部相关经济环境进

行详细的描绘，指明经济可能出现的前景，使市场参与者清楚地知道市场的变化，并在此基础上提出鼓励和限制的行业。通过经济杠杆和法律措施对不同政策对象予以区别指导，引导市场参与者的经济活动符合客观规律要求。通过结合我国产业高质量发展的要求，在广泛运用互联网、大数据和人工智能等新技术背景下，处理好传统与现代、政府与市场、技术与政策等关系，具有前瞻性思维。

四、省级产业政策必须坚持自身发展的动态性

改革开放以来，我国经济社会发展经历了不同的阶段，不同阶段的不同阶段性发展目标、供需结构、产业结构和就业结构，为发展服务的产业政策也必须根据经济社会条件和宏观环境的变化作出调整。相对于过去的产业政策，我国各省的产业政策动态变化更应该向市场友好、防止恶性竞争、促进资源科学配置、鼓励和引导企业面向现代化和适应高质量发展的指导性政策方向转变；更应该向围绕促进各省的产业加入全球产业链分工、形成全国科学的空间布局，充分发挥各省的比较优势等方向进行转变。

五、省级产业政策必须充分体现政府职能转变

改革开放伊始，中央就提出关于转变政府职能的问题，但是时至今天这个问题仍没有得到根本解决。当然，转变政府职能并非是政府放弃一切事务，而是要管政府应该管的事，放手不应该管的事。党的十九届四中全会指出："要完善国家行政体制，优化政府职责体系，优化政府组织结构，健全充分发挥中央和地方两个积极性体制机制。"这里的"一完善两优化"和"发挥两个积极性"是我国政府一直没有处理好的事情，简单说"凡是市场能管的事政府都可以不管"，在目前还很难做到，特别是近年来全球性贸易摩擦频发，各国都提高了政府对经济事务的干预。但是，充分发挥市场在资源配置中的决定性作用始终应该是政府转变职能的基本点。省级产业政策作为政府管理经济的一种方式，要想体现政府职能转变还是应该逐渐从目前的微观管理过

细，向宏观指导、战略规划、方向引导、改革开放、尊重市场转变。

2019 年下半年以来，我国各省发布的产业政策基本体现了上述特征，这说明我国部分省份的产业政策正在走向这一转型的过程。

阅读资料 12

2019 年下半年部分省（区、市）公开发布的产业政策清单

1. 辽宁省自然资源厅印发《关于支持飞地经济健康发展做好用地保障工作的通知》，2019 年 6 月。

2. 我国西部 11 个省区市（不含西藏）的物流行业协会（联合会）共同发布《建设国家物流重点枢纽（兰州）合作倡议书》，2019 年 7 月。

3. 国家外汇管理局上海市分局印发《关于印发〈进一步推进中国（上海）自由贸易试验区外汇管理改革试点实施细则（4.0 版）〉的通知》，2019 年 7 月。

4. 上海市经济和信息化委员会印发《上海市智能制造行动计划（2019—2021 年）》，2019 年 7 月。

5. 海南省政府颁布实施《海南省优化营商环境行动计划（2019—2020 年）》，2019 年 7 月。

6. 四川省政府发布《关于推动县域经济高质量发展的指导意见》，2019 年 7 月。

7. 深圳市政府印发《支持自由贸易试验区深化改革创新若干措施工作方案》，2019 年 7 月。

8. 山东省发展改革委印发《山东省降低企业杠杆率工作要点》，2019 年 11 月。

9. 河南省政府印发《河南省推进产业集聚区高质量发展行动方案》，2019 年 7 月。

10. 河北省自然资源厅印发《关于统筹推进自然资源资产产权制度改革的实施意见》，2019年8月。

11. 黑龙江省政府印发《“数字龙江”发展规划（2019—2015年）》，2019年8月。

12. 海南省自然资源厅印发《海南省集体经营性建设用地入市试点办法》《海南省农村土地征收试点办法》《海南省农村宅基地管理试点办法》的通知，2019年6月。

13. 重庆市政府、中国民用航空局印发《重庆国际航空枢纽战略规划》（2019—2035年），2019年11月。

14. 福建省政府印发《关于推进国有资本投资、运营公司改革试点实施方案》，2019年6月。

15. 上海市政府发布《关于支持浦东新区改革开放再出发实现新时代高质量发展的若干意见》，2019年6月。

16. 黑龙江省政府印发《黑龙江省加快推进企业上市工作方案》2019年10月。

17. 泛珠三角九省（区）工业和信息化合作联席会议共同签署《深化产融合作赋能制造业高质量聚集发展倡议书》，2019年10月。

18. 黑龙江、辽宁、吉林和内蒙古自治区人民政府共同签署《社会信用体系合作共建框架协议》，2019年10月。

19. 北京市政府印发《北京市进一步加快推进城乡水环境治理工作三年行动方案（2019年7月—2022年6月）》，2019年11月。

20. 福建省工信厅、发展改革委联合发布《福建省加快推动制造业优势龙头企业和小巨人企业高质量发展的行动计划（2020—2022年）》，2019年12月。

21. 海南省市监局出台《严重违法失信企业信用修复暂行办法》，2019年11月。

22. 福建省发展改革委、工信厅联合制订《福建省关于进一步推进煤电联营工作方案》，2019年12月。

23. 浙江省政府发布《浙江省数字大湾区建设行动方案》，2019

年 11 月。

24. 上海自贸区临港新片区正式发布《关于支持临港新片区园区平台提升创新服务能力工作的实施意见》，2019 年 12 月。

25. 北京市政府印发《北京市进一步扩大和升级信息消费持续释放内需潜力的行动计划（2019—2022 年）》，2019 年 12 月。

26、中共深圳市委深圳市政府印发《深圳市建设中国特色社会主义先行示范区的行动方案（2019—2025 年）》，2019 年 11 月。

27. 北京市文化改革和发展领导小组办公室印发《关于推进北京市文化和旅游融合发展的意见》，2019 年 12 月。

六、省级产业政策必须加强我国地方产业政策立法工作

省级产业政策总体上对我国各省产业发展起到了积极的作用，但仍然存在很多问题，其中最重要的是在制定政策时带有较大的随意性。产业发展有着自身的规律性，但是在现实的产业政策制定中，往往存在不顾客观规律要求和本省的实际情况盲目跟风招商。这种随意性，一方面与决策者的认知水平有很大关系，另一方面与决策者在产业政策制定和执行拥有较大的自由裁量权也有关系。笔者鼓励地方政府充分发挥主观能动性，但应在有限的范围内使用权力，这也正是提高政府治理水平和治理能力现代化的基本要求。加快地方政府进行产业政策立法的基础性工作进度，是一个有效的途径。

阅读资料 13

日本的地区产业开发

1. 地区产业开发的政策体系

主体构架可以称为法律体系，由基本法和特定地区法两类构成。前者是以全国或大区域为对象，是制订这些区域综合开发规划的依据。

特定地区法分为促进地区产业振兴类和促进落后地区、先天不足地区发展的特定区域振兴类，由于特定地区法中约50%为产业振兴类，所以特定地区法对地区产业开发起着重要的作用。

2. 产业振兴法的立法目的

产业振兴法的立法目的极为鲜明，地区色彩也很浓厚。如新产业城市建设促进法明确表述其目的是为防止人口和产业在大城市中的过度集中，并为在纠正地区差异的同时达到就业的稳定，通过改善产业的立地条件和建设城市设施，促进应成为地方开发和发展核心的新产业城市的建设，从而促进国土的均衡开发及国民经济的发展。类似以促进落后地区的产业开发、缩小地区差异、促进国土的均衡发展作为立法目的占多数。这说明日本政府十分重视运用地区政策实现特定目标。

3. 产业振兴法的部分具体特征

一是对象指定明确。在法律颁布之后，由地方政府对比立法目的提出申请，由中央政府协调审批。如新产业城市建设促进法颁布后，39个县提出了44个候选地区，最终中央政府只批准了15个作为新产业城市。二是规定明确的定性及定量指标，申报必须符合指标规定。如高技术工业集聚地区开发促进法就申请地区提出：排除工业集聚程度很高的地区及其周边区域；在自然、经济、社会条件上，以高技术产业为基础的工业开发具有良好前景的地区；已经存在有相当数量的企业从事高技术的开发、应用和生产。该促进法还对人口规模、教育机构、便捷利用基础设施等提出要求。很明显，这些要求成为产业政策导向的有效手段。三是对法律制定进行明确分工。如新产业城市和工业整备特别地区的基本规划由县知事制订，内阁总理大臣在听取国土审议意见并与有关部门的行政长官协商后确认。工业再配置规划由通产省与有关部门行政长官协议，并听取工厂用地、用水审议后制订。四是优惠措施的规定。主要针对改善对象地区的投资环境，促进企业的投资和地区产业的发展来考虑措施，如财政、税制、金融等。这些措施直接面对地方政府和企业，且政策非常具体，如提高基础设施建设中国库负担的比例、中央财政对地方财政给予公债利息补贴、中央政府对地方交付税予以补贴、对投资建厂企业给予资金上的支持等。

4. 特性分析

从特点上看，首先是立法先行，以法律为依据。日本地区产业开发的每一项政策建立和实施都以律法为依据，有关法律对地区的指定、开发内容和程序、政府的权限责任、优惠措施内容等都作了明确而详细的规定，使政策实施有矩可循，避免了地方一拥而上、滥用政策、政府间权限责任不明确等弊端。其次是中央政府具有较强的调控力度。主要体现在开发地区由中央政府批准、开发建设规划由中央政府认可、优惠政策在立法中规定、中央政府必须遵循法律对地方政府给予财税金融的支持等，具有较强的中央集权特征。这的确起到了规范地方政府开发行为、避免出现国土利用的混乱和税收流失的作用，但又同时制约了地方政府的自主性和创造性。三是以缩小地区差异为出发点。有关地区产业开发的法律多数是以促进相对落后地区的开发、缩小地区间的经济差异作为主要目标，对市场的空间作用力进行合理疏导是地区政策的使命。

5. 经验教训

一是时机与方向的把握。日本的地区产业开发主要是民间企业投资，能否成功地吸引这些投资进入属于有发展前景并能够对地区经济起到带动作用的产业部门是产业政策成功的关键。日本是在企业投资欲望高涨的经济高速增长时期来把握时机，在对宏观经济形势有正确的判断前提下进行；方向是从产业结构角度，吸引资金的产业是发展势头良好的“朝阳产业”。在这方面也有惨痛的教训。20 世纪 60 年代末，在连续 10 余年的经济高速增长势头下，《全国综合开发规划》中提出了以新干线、高速公路网为依托，在边远地区建设 6 个世界最大规模的工业基地，基地吸引的产业就是 20 世纪 60 年代的带头产业重化学工业。但 1973 年发生的石油危机导致了经济高速增长时代的结束，这个政策遭到重创，庞大的建设投资无法收回。二是突出重点。

日本的地区产业开发是在明确重点领域的前提下，通过集中优惠政策和公共投资来创造出优秀的投资环境，防止开发举措由于重点不突出、领域过于宽泛，而削弱了地区产业政策的价值。三是注重地区产业链的打造。日本的地区产业开发从一开始就不是采取在某一个地区“嵌入”几个独立的大企业，而是从完整的区域产业链形成出发，在充分考虑某区域的资源和现有产业基础等条件后，以形成较为完整的产业链为目标，利用产业政策去吸引和导向企业投资。

6. 日本地区产业政策的思考

早在20世纪60年代初，日本就运用地区产业政策作为重要手段来缩小地区差异，效果也明显，但总体上政策还是滞后于现实，在布局疏密度的把握上，在国土利用保持较高平衡水平上，在东京及周边产业集中度等问题上至今都没有完全得到解决。借鉴日本经验要注意结合我国国情，与日本战后地区产业发展少有资源开发不一样，我国不发达地区的产业开发是以资源开发为中心；与日本的地区产业开发的区域面积较大、以公平性为目标、有较强的中央财政支持不一样，我国经济发展水平尚低，中央财政能力有限，追求公平必须要求效率。

日本的地区产业政策有以下借鉴意义：一是省级产业政策必须把握目标指向。我国在经历了大发展时期后，出现了一些诸如地区差距较大、国民经济总体效益不高、自主研发水平低等问题。所以，省级产业政策在相当一段时间都要以效率优先，兼顾公平为指向，以注重国民经济总体效益提高和控制地区差距为目标。二是对不发达地区和欠发达地区的省级产业政策要给予国家层面的支持。日本在地区产业政策曾经对落后地区原有产业或企业的改造提升不够进行了反省，这说明如果从国家层面支持振兴不发达地区原有的一些具有一定基础和前景的产业，同样可以使落后地区经济充满活力。这一点在我国具有很大的现实意义。20世纪60年代，我国向内陆地区转移军事工业生产力，这基本上可以代表当时国内的一流技术和设备水平，但长时期的自我封闭和内部循环，我国经济逐渐落后于发达经济。部分“军转民”的成功案例说明了这些资产潜在巨大能量。乡镇企业众多，也曾经是我国不发达地区的一大特色，如果利用好这些基础，对广大落后地区一二三产业的融合以及实现农村工业化现代化是有积极作用的。三是加强中央政府的协调能力。我们强调市场在资源配置中起决定性作用，但也同时要充分发挥政府职能的作用，在哪些地方需要充分发挥政府的职能？凡是市场机制不能发挥好作用的地方，就是政府职能的领域。在市场经济条件下，我国区域经济发展现实就存在市场分割、地区封锁、自成体系、重复建设等现象。要遏制其发展，就必须加强中央政府对地区发展的协调能力。

主要参考文献

［1］赵婷，陈钊．比较优势与中央、地方的产业政策［J］．世界经济，2019，42（10）：98-119．

［2］陈璟，牛慧恩．区域产业政策实施机制及其应用探讨［J］．地域研究与开发，1999（4）：33－36＋45．

［3］汤有丽．我国工业产业政策实施效果实证分析——基于我国28个省级面板数据研究［J］．东方企业文化，2012（9）：6-7．

［4］姜达洋．我们需要什么样的产业政策？——兼论林毅夫与张维迎有关产业政策的争议［J］．商业研究，2017（11）：127-132．

［5］韩永辉，黄亮雄，王贤彬．产业政策推动地方产业结构升级了吗？——基于发展型地方政府的理论解释与实证检验［J］．经济研究，2017，52（8）：33-48．

［6］赵卿．中国式产业政策对产能过剩的影响效应研究——基于中国省级面板数据的经验分析［J］．经济与管理评论，2017，33（4）：29-37．

［7］赵静，王宇哲．产业政策的治理逻辑及制度塑性［J］．学习与探索，2018（1）：105-111．

［8］陈钊，熊瑞祥．比较优势与产业政策效果——来自出口加工区准实验的证据［J］．管理世界，2015（8）：67-80．

［9］吴意云，朱希伟．中国为何过早进入再分散：产业政策与经济地理［J］．世界经济，2015，38（2）：140-166．

［10］康凌翔．我国地方政府产业政策与地方产业转型研究［D］．首都经济贸易大学，2014．

［11］宋凌云，王贤彬．重点产业政策、资源重置与产业生产率［J］．管理世界，2013（12）：63-77．

[12] 宋凌云，王贤彬，徐现祥. 地方官员引领产业结构变动 [J]. 经济学（季刊），2013，12（1）：71-92.

[13] 陈冬华，李真，新夫. 产业政策与公司融资——来自中国的经验证据 [C]. 上海财经大学会计与财务研究院、上海财经大学会计学院、香港理工大学会计及金融学院. 2010 中国会计与财务研究国际研讨会论文集. 上海财经大学会计与财务研究院、上海财经大学会计学院、香港理工大学会计及金融学院：上海财经大学会计与财务研究院，2010：231-310.

[14] 江飞涛，李晓萍. 直接干预市场与限制竞争：中国产业政策的取向与根本缺陷 [J]. 中国工业经济，2010（9）：26-36.

[15] 范剑勇. 市场一体化、地区专业化与产业集聚趋势——兼谈对地区差距的影响 [J]. 中国社会科学，2004（6）：39-51+204-205.

[16] 周黎安. 晋升博弈中政府官员的激励与合作——兼论我国地方保护主义和重复建设问题长期存在的原因 [J]. 经济研究，2004（6）：33-40.

[17] 黄先海，陈勇. 论功能性产业政策——从 WTO“绿箱”政策看我国的产业政策取向 [J]. 浙江社会科学，2003（2）：66-70.

[18] 王慧炯，李泊溪，李善同. 产业政策的总体构想 [J]. 管理世界，1990（6）：31—39+224.

[19] 小宫隆太郎. 日本的产业政策 [M]. 北京：国际文化出版社，1988.

[20] 王忠林，冯宛平，韩建青，杨松林. 省区产业政策研究的几个问题 [J]. 管理世界，1987（4）：69—73+213.

[21] 陈重. 日本政府干预企业的二重后果及其对策 [J]. 改革与战略，1987（1）：77—81+6.

[22] 马秀贞. 五年规划对我国经济现代化的推进 [J]. 江汉大学学报（社会科学版），2020，37（1）：5—15+125.

[23] 张学良，林永然. 新常态下大城市与毗邻地区融合发展：上海及其毗邻地区的实践 [J]. 科学发展，2018（5）：39-45.

［24］戴跃华. 从“九五”以来历次五年规划透视上海城市发展脉络［J］. 科学发展，2020（1）：30－38.

［25］冯奎. 中国地方产业集群政策评论［J］. 生产力研究，2006（10）：177－180.

［26］吕红星. 重庆缔造的传奇：全球笔记本电脑基地［J］. 经济导刊，2016（6）：47－49.

［27］陈波，王浣尘. 论产业政策的传导机制［J］. 经济评论，2001（1）：75－76＋96.

［28］曾科. 地方产业政策的若干思考——关于以深圳市产业政策为例[EB/OL]. (2018-03-02)[2020-01-23]. http://cnews. chinadaily. com. cn/2018－03/02/content_35769621. htm.

［29］邱兆林. 中国产业政策的特征及转型分析［J］. 现代经济探讨，2015（7）：10－14.

［30］隋映辉. 论产业政策的统一性和连续性［J］. 科学·经济·社会，1988（4）：229－231＋228.

［31］徐高彦，吕慧，胡世亮. 产业政策激励的信息传递效应研究［J］. 当代经济研究，2019（2）：86－98.

［32］魏勇. 重庆市产业结构演进中制造业发展路径研究［D］. 西南大学，2009.

［33］安蓓，王贤，陈刚. 深入推进大保护打造引领高质量发展生力军——推动长江经济带发展座谈会召开四年间［J］. 中国产经，2020（1）：100－104.

［34］Powell B. State Development Planning：Did it Create an East Asian Miracle?［J］. The Review of Austrian Economics，2005（18）：305－323.

图文表检索

后　记

本书由杨庆育提出全书的研究框架，唐啸主笔第一、二章，尚海燕研究案例并协助杨庆育完成第三章，杨庆育主笔第四、五章并统筹修订全稿。

感谢中国经济体制改革研究会会长彭森同志为本书作序。对清华大学公共管理学院的部分教授对本文框架思路的指导深表谢意。对我们在文中引用的文献作者表示诚挚的感谢。对中国计划出版社的多位编辑在本书出版过程中给予的支持和辛勤劳动表示由衷的感谢。

《中国省级产业政策发展研究》课题组

2020 年 6 月